《经典诵读三百篇》编委会

主　　任：邵　宜

副 主 任：莫海斌　蔡　丽

委　　员（按姓氏音序排列）：

常芳清　戴　薇　李卫涛　刘玉红　卢　艳

马绍琅　孙　英　田　蔚

示范朗读：（按姓氏音序排列）：

戴　薇　郜　楠　李卫涛　陆圆圆　邵　宜

田　蔚　田欣儿　王涤非　王　玥

华文教育专业规划教材

经典诵读三百篇

（第一册）

总主编　邵宜

副总主编　蔡丽

分册主编　孙英

编写人员（以姓氏音序排列）：

蔡丽　常芳清　戴薇　李卫涛

刘玉红　邵宜　孙英　田蔚

暨南大学出版社

JINAN UNIVERSITY PRESS

中国·广州

图书在版编目（CIP）数据

经典诵读三百篇. 第一册/邵宜总主编；蔡丽副总主编. —广州：暨南大学出版社，2021.1
（2024.1重印）
华文教育专业规划教材
ISBN 978 - 7 - 5668 - 3022 - 7

I. ①经⋯ II. ①邵⋯②蔡⋯ III. ①中华文化—华文教育—教材 IV. ①K203

中国版本图书馆 CIP 数据核字（2020）第 217199 号

经典诵读三百篇（第一册）
JINGDIAN SONGDU SANBAI PIAN（DI-YI CE）
总主编：邵　宜　副总主编：蔡　丽
⋯⋯

出版人：阳　翼
策划编辑：杜小陆
责任编辑：黄志波　康　蕊
责任校对：冯　琳　武颖华
责任印制：周一丹　郑玉婷

出版发行：暨南大学出版社（511443）
电　　话：总编室（8620）37332601
　　　　　营销部（8620）37332680　37332681　37332682　37332683
传　　真：（8620）37332660（办公室）　37332684（营销部）
网　　址：http：//www.jnupress.com
排　　版：广州良弓广告有限公司
印　　刷：广州市友盛彩印有限公司
开　　本：850mm×1168mm　1/16
印　　张：10.25
字　　数：264 千
版　　次：2021 年 1 月第 1 版
印　　次：2024 年 1 月第 2 次
定　　价：39.00 元

（暨大版图书如有印装质量问题，请与出版社总编室联系调换）

编写说明

　　为适应海外华文教育发展的需要，暨南大学于 2005 年在国内首开华文教育专业。该专业致力于培养具备华文教育的基本知识和专业技能，具有较强的汉语应用能力，熟悉中国文化，能从事华文教育、学校教学管理、汉语应用等方面工作的应用型人才。

　　"朔南暨，声教讫于四海。"华文教育专业的学生既是以汉语为第二语言的学习者，又是以汉语为教学语言的准教育工作者，他们对中华经典的学习能力不同于汉语母语者，而对中华经典的理解和掌握要求又高于普通的留学生。我们希望华文教育专业的毕业生能够承担海外华校各类日常教学工作，能够把中华优秀传统文化带到五湖四海。因此，我们在华文教育专业人才培养方案中设置了"经典诵读"这门课，该课程为实践训练类课程，通过连续六个学期每日早读的形式开展，旨在引导并要求本专业学生能够诵读中国文学和文化经典。本丛书正是暨南大学华文学院华文教育系面向华文教育专业"经典诵读"课程专门编写的。

　　本丛书共 6 册，每册编选 50 篇，总称"经典诵读三百篇"。选篇首先考虑满足华文教育专业教学实际需要，适合华文教育专业学生（含全日制、境外兼读制）诵读中华经典的需求，同时也可供海外有志于从事华文教育工作者修读研习。每册各设置基础篇（20 篇）、巩固篇（20 篇）、提高篇（10 篇）三部分，以满足华文教育专业同一年级学生不同汉语水平的需要。

　　本丛书各册选篇均以背诵为主，兼顾朗读。"操千曲而后晓声，观千剑而后识器"，唯有通过大量的背诵和朗读，才能在训练汉语语音、语调的同时积累诗词曲赋，提升中华文学素养，进而逐步深化对中华文化的认识。背诵的篇目以韵文为主，包括儿歌、古诗词、短小的古文篇什等；朗读的篇目则主要包括较长的古诗、古文名篇以及现代诗歌、散文名篇等。其中，各册基础篇以适合背诵的篇目为主，选目多为绝句、儿歌、韵文、律诗；巩固篇是以背诵为主、朗诵为辅，选目多为律诗、古体诗、词、现代诗、现代散文等；提高篇是以朗诵为主、背诵为辅（主要是名段背诵），选目多为传统文化典籍、古代散文、现代文名篇的选文等。

　　本丛书选篇的主要原则如下：其一，注重中华文化传播的任务。突出正面引导，注重美好道德，强调现代意义。优选脍炙人口的名家名篇，注意古今搭配，注意题材、体裁、风格、朝代及作者的适度分布。其二，充分考虑学生的汉语水平、文化理解与接受能力。纵向来看，

1~6 册学习难度逐渐提升；横向而言，一册之内基础篇、巩固篇、提高篇难度也有所区别。其三，联系学习实际，注重海外华文教学对中华经典的需求。考虑该专业学生今后教学工作的需要以及主要教学群体的特点，除编选经典诗词、散文外，适当收入代表性儿歌、童谣、经典蒙学作品、儒家经典等。

本丛书注重学生的自主阅读能力培养。为了尽快培养学生良好的中文阅读习惯与能力，除在第一册基础篇的正文部分全部标写拼音之外，其余各处只为超纲词、易读错的多音字词标注拼音。在诵读的文本正文之后，为帮助学生理解和自主阅读，设置有"词语解释""古诗（古词、古文）今译""作者简介""作品赏析""经典名句""诵读指引"等环节。这些环节讲求言简意赅，生动形象，突出重点。

本丛书探索互动参与式教材编写机制，全部配图均选自在试用阶段面向使用者征集的作品，由丛书编写团队挑选最能体现文意的作品作为教材出版时的配图，风格多元，以不同角度呈现作品的意境。同时，动态征集与作品配套的音频与视频作品，使教材同时成为使用者的展示平台，促进使用者与编写者的互动交流，促使使用者深度融入教材及作品，有利于教学效果的最大化实现。

"腹有诗书气自华"，通过三年的逐步积累，华文教育专业学生对三百篇中华文化经典了然于胸。我们希望使用本丛书的学习者能够在对中华经典的诵读过程中，谛听来自古人的智慧，愉悦自己的身心；期待诵读经典的学生能把中华文化和所在国文化融合起来，为促进中外文化交流、构建美好的人类命运共同体贡献自己的一份力量。

《经典诵读三百篇》编委会

2020 年 2 月

经典诵读三百篇（第一册）

目录

基础篇

上山打老虎

shàng shān dǎ lǎo hǔ

J—1

yī èr sān sì wǔ
一 二 三 四 五 ，

shàng shān dǎ lǎo hǔ
上 山 打 老 虎 ，

lǎo hǔ bú zài jiā
老 虎 不 在 家 ，

yù jiàn xiǎo sōng shǔ
遇 见 小 松 鼠 。

sōng shǔ yǒu jǐ zhī
松 鼠 有 几 只 ？

wǒ lái shǔ yi shǔ
我 来 数 一 数 ，

yī èr sān sì wǔ
一 二 三 四 五 。

（绘图：2018 级印尼学生　陈佳燕）

作品赏析

这是一则以适合儿童审(shěn)美心理的形象描写来巧妙地训练儿童数(shǔ) 数(shù) 能力的儿歌。它把数学与文学巧妙结合起来，是适合儿童认识水平的、帮助儿童提高数数(shù)能力的教学素材。

这首儿歌充满童趣，同时具有歌唱性和游戏性，可以一边吟诵(yín sòng)，一边数(shǔ)手指，练习最基本的数数能力。

诵读指引

这则儿歌共 7 句，首尾 2 句一字一顿，中间 5 句二三断开。整首儿歌在诵读时要注意节奏的变化，语调轻快，可读为：一 二 三 四 五，上山 打老虎，老虎 不在家，遇见 小松鼠。松鼠 有几只? 我来 数一数，一 二 三 四 五。(× × × × ×，×× ×××，×× ×××，×× ×××。×× ×××? ×× ×××，× × × × ×。) 其中，第 1、2、4、6、7 句句尾 "五""虎""鼠""数""五" 这几个字押韵(yā yùn)，可适当重读，声韵饱满一些，读出节奏感。

sān zhī mǎ yǐ lái bān mǐ

三只蚂蚁来搬米

J-2

yì zhī mǎ yǐ lái bān mǐ
一只蚂蚁来搬米，

bān lái bān qù bān bù qǐ
搬来搬去搬不起；

liǎng zhī mǎ yǐ lái bān mǐ
两只蚂蚁来搬米，

shēn tǐ huàng lái yòu huàng qù
身体晃来又晃去；

sān zhī mǎ yǐ lái bān mǐ
三只蚂蚁来搬米，

qīng qīng tái zhe jìn dòng lǐ
轻轻抬着进洞里。

（绘图：2018 级印尼学生　陈佳燕）

作 品 赏 析

　　这首儿歌具有歌唱性和游戏性，不仅使儿童在可感可数（shǔ shù shù）的数字中感觉到数字的顺序和大小，更可以使儿童从歌谣传唱和模拟（mó nǐ）游戏中得到最初的关于团结合作方面的德育启蒙。

　　这首儿歌用整齐、押韵的诗句以及细小但具体的事实，寓（yù）教于乐地传达给儿童一个基本的人生道理：团结就是力量。从儿歌中可以看出个人的力量是渺（miǎo）小的，集体的力量是巨大的，个人只有紧紧依靠集体才有无穷的力量，团结的集体才有凝聚（níng jù）力和战斗力。

诵 读 指 引

　　这则儿歌共 6 句，第 1、3、5 句除数字外内容重复，易于诵读和理解、整首儿歌各句节奏可基本一致：××　×× ×× ×，语调轻快，可读为：一只 蚂蚁 来搬 米，搬来 搬去 搬不起；两只 蚂蚁 来搬 米，身体 晃来 又晃 去；三只 蚂蚁 来搬 米，轻轻 抬着 进洞 里。其中，"米""起""里"这几个字押韵，可适当重读，读出节奏感、轻松俏皮感。

bàn ban gē

半半歌

J-3

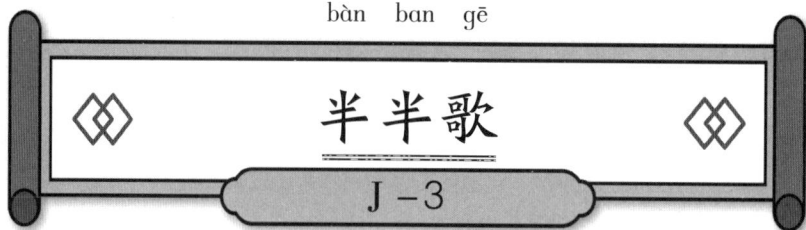

（绘图：2018级印尼学生　陈佳燕）

yǒu ge hái zi jiào bàn ban
有个孩子叫半半，

qǐ chuáng yǐ jīng qī diǎn bàn
起床已经七点半。

xié zi chuān yí bàn
鞋子穿一半，

liǎn ér xǐ yí bàn
脸儿洗一半，

zǎo fàn chī yí bàn
早饭吃一半，

kè běn dài yí bàn
课本带一半。

shàng xué lù shang bàn ban pǎo
上学路上半半跑，

guāng zhe yì zhī xiǎo jiǎo bǎn
光着一只小脚板。

作品赏析

通过儿歌，一方面让儿童了解关于"半"的数量特点，另一方面用有趣的方法让儿童了
huài xí guàn   jiě
解做事只做一半是一个坏习惯，如果自己也有这样的坏习惯，就要找到解决的办法。

chǎngjǐng   chōuxiàng   tí gōng
儿童通过生活化的 场 景进行学习，从而体会到抽 象 的道理。在这首儿歌中，提供了
huá jī   tuō yán   mó ceng   xíng wéi
六个滑稽的生活场面，来表现拖延、磨 蹭 等行为带来的后果，让儿童对自己的行为有所
对照。

诵读指引

这则儿歌共8句，第1句中"个""子"和第2个"半"轻读，中间3～6句节奏二三
分，动词可重读，第7句第2个"上"轻读，第2个"半"轻读，第8句"着"轻读。整首
儿歌诵读时要注意节奏的变化，语调轻快，可读为：有个 孩子 叫 半半，起床 已经 七点半。
鞋子 穿一半，脸儿 洗一半，早饭 吃一半，课本 带一半。上学 路上 半半跑，光着 一只 小脚板。
(╳╳ ╳╳ ╳ ╳╳，╳╳ ╳╳ ╳╳╳。╳╳ ╳╳╳，╳╳ ╳╳╳，╳╳ ╳╳╳，╳╳
╳╳╳。╳╳ ╳╳ ╳╳╳，╳╳ ╳╳ ╳╳╳。) 其中，句尾"半""板"押韵，除第1句
外，其余几句句尾的"半""板"可适当重读，读出节奏感。

xiǎo lǎo shǔ shàng dēng tái

小老鼠上灯台

J-4

（绘图：2018 级印尼学生　陈佳燕）

xiǎo lǎo shǔ
小老鼠，

shàng dēng tái
上 灯 台，

tōu yóu hē
偷油喝，

xià bù lái
下不来。

zhī zhī zhī
吱吱吱，

jiào nǎi nai
叫 奶 奶，

nǎi nai bù kěn lái ya
奶 奶 不 肯 来 呀，

jī li gū lū　　gǔn xià lái
叽 里 咕 噜^[1] 滚 下 来!

词 语 解 释

[1] 叽里咕噜：拟声词，形容物体滚动碰撞的声音。

作 品 赏 析

儿童对大自然有天然的亲密感，主要体现在对小动物的喜欢和亲近上。大量的儿歌里有
小动物的出现，不管是哪种动物，都表现出了动物的外在形象特 征 和其行为的童趣特色，
同时儿歌还以富有趣味的方法给儿童讲一些基本的行为准则和人生道理。

这首儿歌虽然非常简短，但内容丰富，一方面描写了小老鼠嘴 馋 的可爱模 样 和往高处
爬的冒险行为，另一方面也体现了它跟奶奶之间的嬉戏互动。

诵 读 指 引

这则儿歌共8句，前6句均为三字一断，最后两句分别是6字和7字，其中"奶奶不肯
来呀"这一句，最后一个字"呀"是一个语气词，起衬音作用，重音应放在"来"字上，并
适当拉长节奏。整首儿歌在诵读时要注意节奏的变化，语调轻快，可读为：小老 鼠，上灯
台，偷油 喝，下不 来。吱吱 吱，叫奶 奶，奶奶 不肯 来——呀，叽里咕噜 滚下 来!（××
×，×× ×，×× ×，×× ×。×× ×，×× ×，×× ×× ×·×，×××× ××
×!）其中，第2、4、8句句尾"台""来""来"这几个字押韵，可适当重读，读出节奏感、
跳跃感以及轻松俏皮感。

xiǎo bái tù

小白兔

J-5

xiǎo bái tù
小白兔，

bái yòu bái
白又白，

liǎng zhī ěr duo shù qǐ lái
两只耳朵竖起来，

ài chī luó bo hé qīng cài
爱吃萝卜和青菜，

bèng bèng tiào tiào zhēn kě ài
蹦蹦跳跳真可爱。

（绘图：2018 级印尼学生　林惠莲）

作 品 赏 析

　　这首儿歌虽然非常简短，但内容丰富，一方面描写了小白兔外在的可爱模样以及好动的行为特征，另一方面也体现了它爱吃萝卜和青菜的饮食习惯，以引导儿童向可爱的小动物学习，养成健康（jiànkāng）的饮食（yǐn shí）习惯。

诵 读 指 引

　　这则儿歌共5句，第3句句尾"来"字重读，整首儿歌节奏简单，语调轻快，可读为：<u>小白</u> 兔，<u>白又</u> 白，<u>两只</u> <u>耳朵</u> <u>竖起</u> 来，<u>爱吃</u> <u>萝卜</u> 和 <u>青菜</u>，<u>蹦蹦</u> <u>跳跳</u> 真 <u>可爱</u>。（×× ×，×× ×，×× ×× ×× ×，×× ×× × ××，×× ×× × ××。）其中，句尾"白""来""菜""爱"这几个字押韵，可适当重读，呈现活泼可爱的小兔子形象。

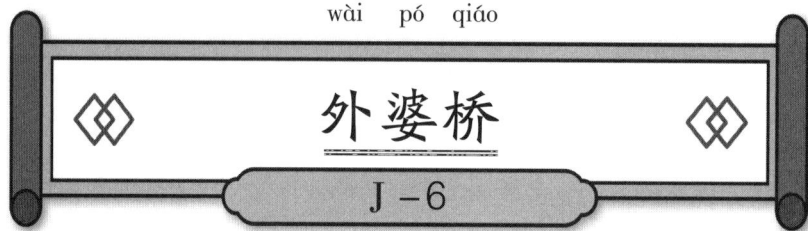

wài pó qiáo

外婆桥

J-6

yáo a yáo
摇啊摇，

yáo dào wài pó qiáo
摇到外婆桥。

wài pó duì wǒ xiào
外婆对我笑，

jiào wǒ hǎo bǎo bao
叫我好宝宝。

táng yì bāo
糖一包，

guǒ yì bāo
果一包，

chī wán bǐng ér hái yǒu gāo
吃完饼儿还有糕。

（绘图：2018 级印尼学生　陈佳燕）

作 品 赏 析

儿童的世界里，亲情是最核心的部分，与亲人的关系在一定 程^{chéng dù}度上影响到儿童长大成人之后与社会他人的关系。亲情类儿歌往往用愉快、朴^{pǔ shí}实的内容来培育^{péi yù}儿童的情^{qínggǎn}感。

这首儿歌里不仅表现了童真美好——外婆的笑容、外婆做的美食，还表达了难以言喻^{nán yǐ yán yù}的乡愁：要"摇啊摇"才能到达远方的外婆的家。

诵 读 指 引

这则儿歌共 7 句，第一句"啊"轻读。整首儿歌诵读时要注意节奏的变化，语调轻快，可读为：摇 啊 摇，摇到 外婆 桥。外婆 对我 笑，叫我 好宝 宝。糖 一包，果 一包，吃完 饼儿 还有 糕。（× × ×，×× ×× ×。×× ×× ×，×× ×× ×。× ××，× ××，×× ×× ×× ×。）其中，第 1、2、3、5、6、7 句句尾"摇""桥""笑""包""包""糕"这几个字押韵，可适当重读，读出节奏感，语调明快，表现出纯真美好的感觉。

wǒ de hǎo mā ma

我的好妈妈

J-7

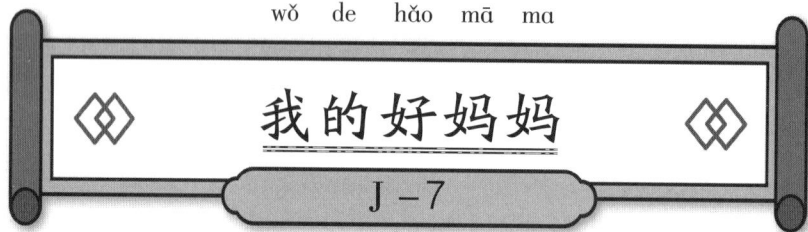

wǒ de hǎo mā ma
我的好妈妈,

xià bān huí dào jiā
下班回到家,

láo dòng le yì tiān
劳动了一天,

duō me xīn kǔ ya
多么辛苦呀!

mā ma mā ma kuài zuò xià
妈妈、妈妈快坐下!

mā ma mā ma kuài zuò xià
妈妈、妈妈快坐下!

qǐng hē yì bēi chá
请喝一杯茶,

ràng wǒ qīn qin nǐ ba
让我亲亲你吧!

ràng wǒ qīn qin nǐ ba
让我亲亲你吧!

wǒ de hǎo mā ma
我的好妈妈。

（绘图：2018 级印尼学生　陈佳燕）

◆◆◆━━━━ 作 品 赏 析 ━━━━◆◆◆

　　这首儿歌用最质朴的语言描绘了母子之间的 纯 真 情感（zhì pǔ / chúnzhēn），通过请妈妈坐下、喝茶以及亲亲妈妈等行为，表达了儿童对妈妈的依恋、思念和感恩之情。

◆◆◆━━━━ 诵 读 指 引 ━━━━◆◆◆

　　这则儿歌共10句，第1句中"的"轻读，有撒娇的味道。第3句中"了"是助词，轻读。第4句中"呀"是一个语气词，起衬音作用。第5句和第6句中各自2个"妈妈"连读。第8句和第9句句尾"吧"均是语气词，也起衬音作用。整首儿歌可读为：我的 好妈妈，下班 回到家，劳动了 一天，多么 辛苦 呀！妈妈-妈妈 快坐 下！妈妈-妈妈 快坐 下！请喝一杯 茶，让我 亲亲 你 吧！让我 亲亲 你 吧！我的 好妈妈。（×× ×× ×，×× ×× ×，× ×× ××，×× ×× ×！ ××-×× ×× ×！ ××-×× ×× ×！ ×× ×× ×，×× ×× × ×！ ×× ×× × ×！ ×× ×××。）其中，第2、3、5、6、7句句尾"家""天""下""下""茶"这几个字押韵，可适当重读，读出节奏感，表现出对妈妈的喜爱和感恩之情。

bá luó bo

拔萝卜

J-8

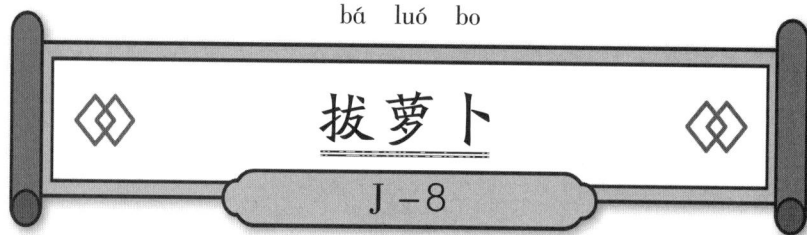

bá luó bo　　bá luó bo
拔萝卜，拔萝卜，

hēi yo hēi yo　　　bá luó bo　hēi yo hēi yo　　bá bú dòng
嘿哟嘿哟 [1]，拔萝卜，嘿哟嘿哟，拔不动。

lǎo nǎi nai　kuài kuài lái　kuài lái bāng wǒ men bá luó bo
老奶奶，快快来，快来帮我们拔萝卜。

bá luó bo　　bá luó bo
拔萝卜，拔萝卜，

hēi yo hēi yo　　bá luó bo　hēi yo hēi yo　　bá bú dòng
嘿哟嘿哟，拔萝卜，嘿哟嘿哟，拔不动。

xiǎo gū niang　kuài kuài lái　kuài lái bāng wǒ men bá luó bo
小姑娘，快快来，快来帮我们拔萝卜。

bá luó bo　　bá luó bo
拔萝卜，拔萝卜，

hēi yo hēi yo　　bá luó bo　hēi yo hēi yo　　bá bú dòng
嘿哟嘿哟，拔萝卜，嘿哟嘿哟，拔不动。

xiǎo huáng gǒu　kuài kuài lái　kuài lái bāng wǒ men bá luó bo
小黄狗，快快来，快来帮我们拔萝卜。

bá luó bo　　bá luó bo
拔萝卜，拔萝卜，

hēi yo hēi yo　　bá luó bo　hēi yo hēi yo　　bá bú dòng
嘿哟嘿哟，拔萝卜，嘿哟嘿哟，拔不动。

xiǎo huā māo　kuài kuài lái　kuài lái bāng wǒ men bá luó bo
小花猫，快快来，快来帮我们拔萝卜。

（绘图：2018 级印尼学生　陈佳燕）

词 语 解 释

[1] 嘿哟嘿哟：拟声词，表示用力时发出的声音。

作 品 赏 析

　　这首儿歌用一个拔萝卜的例子展示了遇到困难时，向外求助、团结合作的必要性。

　　这首儿歌可以一边唱一边做团体游戏，通过语言和肢体表演的方式，向"老奶奶""小姑娘""小黄狗""小花猫"求助，然后完成任务，体现合作的重要性。

诵 读 指 引

　　这则儿歌共分 4 段，每段除角色不同外，内容完全一致，朗读形式和节奏也一致。全文有多处"嘿哟嘿哟"这样富于节奏性的拟声词，读起来朗朗上口。"拔萝卜"也反复出现，增强了儿歌的节奏性。可读为：拔萝卜，拔萝卜，嘿哟 嘿哟，拔萝卜，嘿哟 嘿哟，拔不 动。老奶 奶，快快 来，快来 帮我们 拔萝卜。//拔萝卜，拔萝卜，嘿哟 嘿哟，拔萝卜，嘿哟 嘿哟，拔不 动。小姑 娘，快快 来，快来 帮我们 拔萝卜。//拔萝卜，拔萝卜，嘿哟 嘿哟，拔萝卜，嘿哟 嘿哟，拔不 动。小黄 狗，快快 来，快来 帮我们 拔萝卜。//拔萝卜，拔萝卜，嘿哟 嘿哟，拔萝卜，嘿哟 嘿哟，拔不 动。小花 猫，快快 来，快来 帮我们 拔萝 卜。

(× × ×，× × ×，× × × ×，× × ×，× × × ×，× × ×。× × ×，× × ×，× ×
× × × × × ×。// × × ×，× × ×，× × × ×，× × ×，× × × ×，× × ×。× × ×，
× × ×，× × × × × × × ×。// × × ×，× × ×，× × × ×，× × ×，× × × ×，× ×
×。× × ×，× × ×，× × × × × × × ×。// × × ×，× × ×，× × × ×，× × ×，
× × × ×，× × ×。× × ×，× × ×，× × × × × × × ×。)

yě qiān niú

野牵牛

J-9

yě qiān niú　　pá gāo lóu
野牵牛，爬高楼；

gāo lóu gāo　　pá shù shāo
高楼高，爬树梢；

shù shāo cháng　　pá dōng qiáng
树梢长，爬东墙；

dōng qiáng huá　　pá lí ba
东墙滑，爬篱笆；

lí ba xì　　bù gǎn pá
篱笆细，不敢爬，

tǎng zài dì shang chuī lǎ ba
躺在地上吹喇叭：

dī dā dī dī dā　　dī dā dī dī dā
嘀嗒嘀嘀嗒！嘀嗒嘀嘀嗒！

（绘图：2018 级印尼学生　林美花）

◆ 作 品 赏 析 ◆

　　儿童天生亲近大自然，热爱观 察（guān chá）大自然中的一草一木。这首儿歌，引领儿童观察了中国江南地区民居院子里的常见植物牵牛花的生长形态，并用拟 人（nǐ rén）的方式给予这一静态（jìng tài）的植物以动 感（dònggǎn）。

　　这首儿歌具有中国民间歌谣"连锁调（lián suǒ diào）"的形式，是一种运用顶真的修辞手法构建诗文体式的传统儿歌形式，前4句每句的最后一个词语与下一句的第一个词语一样，大部分的句子都押韵，可以使儿童感受到语言的节奏感（jié zòugǎn）和韵律感（yùn lǜ gǎn），产生音乐的美感。结尾的拟声词模拟了吹喇叭的声音，表达了愉快（yú kuài）的心情，帮助儿童发展积极情绪（jī jí qíng xù），产生热爱生活的力量。

◆ 诵 读 指 引 ◆

　　这则儿歌共7句，前4句采用"连锁调"的形式，即前一句的结尾词同时也是后一句的开头词，逐句相连而成，读起来顺口。结尾的拟声词"嘀嗒"模拟吹喇叭的声音，富于音乐美。整首儿歌分组押韵，富于节奏感和韵律感。可读为：野牵 牛，爬高 楼；高楼 高，爬树梢；树梢 长，爬东 墙；东墙 滑，爬篱 笆；篱笆 细，不敢 爬，躺在 地上 吹喇 叭：嘀 嗒 嘀嘀嗒！嘀 嗒 嘀嘀 嗒！（××　×，××　×；××　×，××　×；××　×，××　×；××　×，××　×，×××　××：×　×××　×！×　×××　×！）其中，第1、2、3、4、5、6、7句句尾"牛、楼""高、梢""长、墙""滑、笆""爬""叭""嗒"这几个字押韵，可适当重读，读出节奏感，表达愉悦的心情。

sān gè hé shang

三个和尚

J-10

yí gè ya hé shang tiāo ya me tiāo shuǐ hē
一个呀和尚 挑呀么挑水喝，

liǎng gè ya hé shang tái ya me tái shuǐ hē
两个呀和尚 抬呀么抬水喝，

sān gè hé shang méi shuǐ hē ya méi ya méi shuǐ hē ya
三个和尚 没水喝呀没呀没水喝呀。

nǐ shuō zhè shì wèi shén me ya wèi ya wèi shén me
你说这是为什么呀为呀为什么？

hēi hēi nǐ shuō zhè shì wèi shén me ya wèi ya wèi shén me
嘿嘿你说这是为什么呀为呀为什么？

wèi shén me nà hé shang yuè lái yuè duō
为什么那和尚 越来越多？

wèi shén me nà hé shang yuè lái yuè lǎn duò
为什么那和尚 越来越懒惰 [1]？

dà hé shang shuō tiāo shuǐ wǒ tiāo de zuì duō
大和尚 说挑水我挑的最多，

èr hé shang shuō xīn lái de yīng gāi duō gàn huó
二和尚 说新来的应该多干活，

xiǎo hé shang shuō nián yòu shēn tǐ tài dān bó ya
小和尚 说年幼身体太单薄 [2] 呀。

yí gè hé shang tiāo ya tiāo shuǐ hē
一个和尚 挑呀挑水喝，

liǎng gè hé shang tái ya tái shuǐ hē
两个和尚 抬呀抬水喝，

sān gè hé shang méi ya méi shuǐ hē ya
三个和尚 没呀没水喝呀，

nǐ shuō zhè shì wèi shén me ya wèi shén me
你 说 这 是 为 什 么 呀 为 什 么？

（绘图：2018 级泰国学生　赵舒畅）

词 语 解 释

［1］懒惰：不爱劳动和工作；不勤快。
［2］单薄：（身体）瘦弱。

作 品 赏 析

　　这则儿歌通过说唱的方式，让儿童了解"三个和尚"的故事，明白与同伴之间团结友
gòngyíng　hé mù
爱、合作共 赢、和睦相处的道理。

（绘图：2018 级印尼学生　陈佳燕）

诵 读 指 引

　　这则儿歌共 14 句，内容重复，节奏循环往复，可读为：一 <u>个呀</u> 和 尚 <u>挑呀么</u> <u>挑水</u> 喝，两 <u>个呀</u> 和 尚 <u>抬呀么</u> <u>抬水</u> 喝，<u>三个</u> 和 尚 没水 喝呀 没呀 没水 喝 呀。你说 这是 为什 么呀 为呀 <u>为什</u> 么？嘿嘿 你说 这是 为什 么呀 为呀 为什 么？为什么那 和 尚 <u>越来越</u> 多？为什么那 和 尚 越来越 懒惰？大 和 尚 说 挑水 <u>我挑的</u> 最多，二 和 尚 说 <u>新来的</u> 应该多干 活，小 和 尚 说 <u>年幼身体</u> 太 单薄 呀。一 个 和 尚 <u>挑呀</u> <u>挑水</u> 喝，两 个 和 尚 <u>抬呀</u> 抬水 喝，三 个 和 尚 没呀 没水 喝呀，你说 这是 为什么 呀 为什么？（ × ×× × × ××× ×× ×，× ××× × ××× ×，×× ×××× × ×。×× ×× ××× ×× × ×？×× ×× ×× ×× ×× ×× ×× ×？×××× × × ××× ×？××××× × × ××× ××？× ××× ×× ×× × × ，× ××× ×××× × ××× ×。× 和 尚 ×× × ×× ×，×× ×× ×××× ×，×× × 小 ×× ×× ×，×× ×× ××× × × ×？）

jìng yè sī

静夜思

J—11

（唐）李白

chuáng qián míng yuè guāng
床　前　明　月　光　，

yí shì dì shàng shuāng
疑[1]　是　地　上　霜　。

jǔ tóu wàng míng yuè
举　头[2]　望[3]　明　月　，

dī tóu sī gù xiāng
低　头　思[4]　故　乡[5]　。

（绘图：2018 级马来西亚学生　林学瑾）

◆◇◆◇ 词 语 解 释 ◇◆◇◆

［1］疑：好像。

［2］举头：抬头。

［3］望：看。

［4］思：思念。

［5］故乡：家乡。

◆◇◆◇ 古 诗 今 译 ◇◆◇◆

　　月光透过窗户照在地上，好像地上结了一层霜。我抬头看看那天空的明月，低下头就想起了我的故乡和家人。

◆◇◆◇ 作 者 简 介 ◇◆◇◆

李 白

字、号：字太白，号青莲居士

籍贯：陇西成纪（今甘肃秦安）

生卒年：701—762

身份：唐代浪漫主义诗人

获荣誉称号："诗仙"

代表作：《静夜思》《望庐山瀑布》《行路难三首》《蜀道难》《将进
　　　　　酒》等

作　品　赏　析

这是一首五言绝句。诗人通过描写秋夜月色，表达思乡之情。前两句描写了秋夜月光的特点，像"霜"一样洁白又寒冷，烘托出诗人客居他乡的冷清凄凉^{qī liáng}。后两句通过诗人动作、神态的变化，深化了思乡之情，给人留下了无限想象的空间和画面，意味深长，成为流传千古的经典名句。

经　典　名　句

举头望明月，低头思故乡。

诵　读　指　引

《静夜思》是一首五言绝句，"光""霜""乡"押韵，诵读时整体节奏要慢，关键字要重读，通过语气、语调变化，表达出诗人对家乡的思念之情。

静夜／思

床前／明月光，（"光"重读，上行语势）

疑是／地上霜。（"疑"缓读，"地上霜"一字一顿，"霜"重读，下行语势）

举头／望明月，（语速转快，"举头"重读，上行语势）

低头／思故乡。（语速转缓，"思故乡"延长声音，读得缓而深沉，平行语势）

咏[1] 鹅

J-12

（唐）骆宾王

鹅，鹅，鹅，

曲项[2] 向天歌[3]。

白毛浮[4]绿水，

红掌拨[5]清波。

（绘图：2018 级泰国学生　张晓珠）

◆◇ 词 语 解 释 ◇◆

[1] 咏：（以某种事物）作诗。
[2] 曲项：弯曲的脖子。
[3] 歌：鸣叫。
[4] 浮：漂浮。
[5] 拨：划动。

◆◇ 古 诗 今 译 ◇◆

一群白鹅伸着弯曲的脖子，向着天空鸣叫。它们洁白的羽毛漂浮在碧绿的水面上，红红的脚掌不停拨动着清水，形成一道道水波。

◆◇ 作 者 简 介 ◇◆

骆宾王

字、号：字观光

籍贯：婺州义乌（今浙江义乌）

生卒年：623—684？

身份：唐代诗人

获荣誉称号："初唐四杰"之一

代表作：《咏鹅》《帝京篇》《畴昔篇》等

作 品 赏 析

　　这是一首五言古诗，是诗人骆宾王七岁时创作的，诗人用浅显且富有童真的语言生动地描写了鹅的形象。诗首句用"鹅，鹅，鹅"这种反复咏唱的手法写出了诗人见到鹅时喜悦的心情。后三句用色彩对比和动静结合的方法进一步深化鹅的形象："白"与"绿"，"红"与"清"，色彩对比鲜明；"歌""浮""拨"三个动作把鹅的形象描绘得更加生动，这样的鹅让人印象深刻，也充分表达了诗人对鹅的喜爱之情。

经 典 名 句

　　白毛浮绿水，红掌拨清波。

诵 读 指 引

　　《咏鹅》是一首五言古诗，诵读时整体节奏要慢，注意区别语调变化，用喜爱的语气展现鹅的形象。

　　咏/鹅

　　鹅，／鹅，／鹅，（三个"鹅"均重读，但读法不同，第一个"鹅"读得短而上扬，第二个"鹅"低而下降，第三个"鹅"长而上扬）

　　曲项/向天歌。（"歌"重读，上行语势）

　　白毛/浮绿水，（"浮"重读，平行语势）

　　红掌/拨清波。（"红掌"上扬，"拨清波"延长声音，"拨"重读）

huà

画

J-13

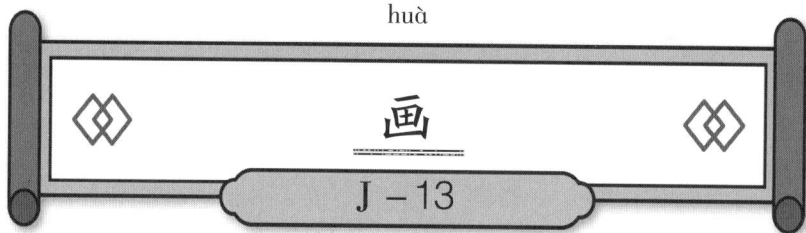

yuǎn kàn shān yǒu sè
远 看 山 有 色 [1]，

jìn tīng shuǐ wú shēng
近 听 水 无 声 。

chūn qù   huā hái zài
春 去 [2] 花 还 在 ，

rén lái niǎo bù jīng
人 来 鸟 不 惊 [3] 。

（绘图：2018 级泰国学生　金晟希）

词 语 解 释

［1］色：颜色。
［2］春去：春天过去。
［3］惊：惊吓。

（绘图：2018 级泰国学生　叶小爱）

古 诗 今 译

　　远远地看，山的色彩明丽；走近听，水没有流动的声音。春天过去了，花还尽情开放着；人走过来，鸟却没有被惊吓到。

作 品 赏 析

　　这是一首五言绝句，诗歌描写的是自然景物，赞叹的却是一幅画。在现实生活中，远处的山往往模糊不清，近处的水能听到声音；春天过去，百花会凋落；人过来，鸟会吓跑。但画里的一切都是相反的：前两句写山色分明，流水无声；后两句写花不凋落，鸟不怕人，四句诗共同构成了一幅生动的山水花鸟图。

经 典 名 句

春去花还在，人来鸟不惊。

（绘图：2018 级老挝学生　宋瓦力）

诵 读 指 引

《画》是一首五言绝句，诵读时整体节奏要慢，注意通过语气、语调对比，表达喜爱之情。

画

远看/山/有色，（"远"与下句"近"对比，重读；"有"与下句"无"对比，重读，上行语势）

近听/水/无声。（"近"和"无"重读，平行语势）

春去/花/还在，（"去"和下句"来"对比，重读，上行语势）

人来/鸟/不惊。（"来"重读，"惊"快读，平行语势）

mǐn nóng　　èr shǒu qí èr

悯农[1] 二首其二

J-14

shēn
（唐）李绅

chú hé　　rì dāng wǔ
锄禾[2] 日当午[3]，

hàn dī hé xià tǔ
汗滴禾下土。

shuí zhī pán zhōng cān
谁知盘中餐[4]，

lì lì jiē　　xīn kǔ
粒粒皆[5] 辛苦。

（绘图：2018 级泰国学生　李若彤）

◆━❖ 词 语 解 释 ❖━◆

[1] 悯农：怜悯农民。悯：怜悯。
[2] 锄禾：给禾苗除草。禾：禾苗。
[3] 日当午：太阳当空的中午。
[4] 餐：食物。
[5] 皆：都。

◆━❖ 古 诗 今 译 ❖━◆

太阳当空，烈日炎炎，农民还在农田里除草劳作，汗水一滴滴落到泥土里。有谁想到，
我们碗中的米饭，每一粒都饱（bǎo）含着农民的辛劳？

◆━❖ 作 者 简 介 ❖━◆

李　绅

字、号：字公垂

籍贯：亳州谯县（今安徽亳州）

生卒年：772—846

身份：唐代宰相、诗人

获荣誉称号：追赠太尉，谥号"文肃"

代表作：《悯农二首》

作 品 赏 析

　　这是一首五言绝句，深刻地（shēn kè）反映了农民的生存状态，表达了诗人对农民的同情。诗歌前两句描写了农民在田地辛苦劳作的情景，后两句用反问语气指出要珍惜粮食的道理。诗人把粒粒粮食比作滴滴汗水，形象而贴切，还运用了虚实（xū shí）结合手法，增强了诗的表现力。

经 典 名 句

　　谁知盘中餐，粒粒皆辛苦。

诵 读 指 引

　　《悯农二首·其二》是一首五言绝句，诵读时整体节奏要慢，读出悲悯之情，展现出农民辛苦劳作的画面。

悯农二首·其二

　　锄禾/日当午，（"午"与第2、4句"土""苦"押韵，重读，上行语势）

　　汗滴/禾下土。（"汗滴"读得轻而高，"土"重读，下行语势）

　　谁知/盘中餐，（语速转快，疑问语气，上行语势）

　　粒粒/皆辛苦。（语速转慢，"粒粒"读得轻而缓，"苦"重读，平行语势）

春　晓

J-15

（唐）孟浩然 hàorán

chūn mián bù jué xiǎo
春　眠　不　觉　晓 [1]，

chù chù wén　　tí niǎo
处　处　闻 [2] 啼　鸟 [3]。

yè lái fēng yǔ shēng
夜　来　风　雨　声，

huā luò zhī duō shǎo
花　落　知　多　少。

（绘图：2018 级泰国学生　陈小曼）

词 语 解 释

[1] 不觉晓：不知不觉天就亮了。晓：天刚亮的时候。

[2] 闻：听见。

[3] 啼鸟：鸟叫声。

古 诗 今 译

春天里，一觉睡醒来已经天亮了，到处可以听见鸟叫声。昨晚刮风下雨，不知道吹落了多少春花。

作 者 简 介

孟浩然

字、号： 名浩，字浩然，号孟山人，

世称"孟襄阳"

籍贯： 襄州襄阳（今湖北襄阳）

生卒年： 689—740

身份： 唐代诗人

获荣誉称号： 唐代山水田园诗派代表

代表作： 《春晓》《望洞庭湖赠张丞相》《宿建德江》等

作 品 赏 析

这首诗是诗人隐居时所作，诗歌抒发了诗人热爱春天、珍惜春光的感情。首句描写春天睡觉的香甜，流露着诗人对春光的喜爱之情；次句写春天充满生机，到处是鸟叫声；三、四

句由眼前景色转写昨晚刮风下雨的情景，推想"花落知多少"，又回到眼前，感情也由喜春转为惜春。全诗语言浅显易懂，感情流露自然。

经 典 名 句

夜来风雨声，花落知多少。

诵 读 指 引

《春晓》是一首五言绝句，诵读时整体节奏轻快，注意通过适当的停顿、重读和语势的起伏变化，读出喜悦之情，表达对春天的热爱和珍惜。

春晓

春眠/不觉晓，（"晓"与第2、4句"鸟""少"押韵，重读，"晓"读得高而长，上行语势）

处处/闻啼鸟。（"处处"读得重而长，"鸟"重读，上行语势）

夜来/风雨声，（语速加快，"风雨声"重读，下行语势）

花落/知多少。（语速缓慢，"花落"缓读，"少"重读，平行语势）

鹿柴[1]

J-16

（唐）王维

kōng shān bú jiàn rén
空 山[2] 不 见 人 ，

dàn wén rén yǔ xiǎng
但[3] 闻 人 语 响[4] 。

fǎn yǐng rù shēn lín
返 景[5] 入 深 林 ，

fù zhào qīng tái shàng
复[6] 照 青 苔[7] 上 。

（绘图：2018 级印尼学生 罗建旗）

词 语 解 释

[1] 柴：通假字，通"寨"，指用树木围成的栅栏。
[2] 空山：空寂的山。
[3] 但：只。
[4] 响：声响。
[5] 返景：同"返影"，指反射的阳光。
[6] 复：又。
[7] 青苔：长在阴湿地方的绿色植物。

古 诗 今 译

山林空空的，看不到人，只听见人说话的声音。落日的余晖射进了树林深处，又照在青苔上。

作 者 简 介

王 维

字、号：字摩诘，号摩诘居士，世称"王右丞"

籍贯：太原祁（今山西祁县）

生卒年：约 701—761

身份：唐代诗人、尚书右丞

获荣誉称号："诗佛"、唐代山水田园诗派代表

代表作：诗作《山居秋暝》《渭川田家》等；《王右丞集》

作 品 赏 析

这首诗描绘了空山深林幽静的自然景色。诗的前两句从听觉上用人声反衬空山的幽静，后两句从视觉上以夕阳返照衬托深林的幽暗。情景交融，表现诗人内心的宁静。诗人同时也是画家和音乐家，他对色彩和声音的把控与运用能力在这首诗里都体现出来了，让我们看到了一幅幽静的山林图景，也感受到诗人内心的平和与豁达。

经 典 名 句

空山不见人，但闻人语响。

诵 读 指 引

《鹿柴》是一首五言绝句，诵读时整体节奏要慢，用平和宁静的语气展现一幅空幽的深林图景。

鹿柴

空山/不见人，（"空"读得高而轻，平行语势）

但闻/人语响。（"响"重读，下行语势）

返景/入深林，（"景"轻读，"入"重读，"深"延长读，下行语势）

复照/青苔上。（"照"快读，"青苔上"缓读，"上"重读，平行语势）

dēng guàn què lóu
登鹳雀楼
J-17

huàn
（唐）王之涣

bái rì　　yī　shān jìn
白日[1]依[2]山尽[3]，

huáng　　hé　rù　hǎi　liú
黄　河　入　海　流。

yù　qióng　qiān lǐ mù
欲[4]穷[5]千里目[6]，

gèng　　shàng yì céng lóu
更[7]　上　一　层　楼。

（绘图：2018级泰国学生　郭玉婷）

词 语 解 释

[1] 白日：太阳。
[2] 依：依傍。
[3] 尽：消失。
[4] 欲：想要。
[5] 穷：穷尽。
[6] 千里目：眼界开阔。
[7] 更：再。

古 诗 今 译

夕阳依傍着山峦，在山尽头消失不见，黄河奔着大海而去。如果想看尽千里的风光景物，那就要再登上一层高楼。

作 者 简 介

王之涣

字、号：字季凌

籍贯：绛州（今山西新绛县）

生卒年：688—742

身份：唐代诗人

获荣誉称号："边塞四诗人"之一

代表作：《登鹳雀楼》《凉州词二首》等

作品赏析

^{xiōng jīn}

这首诗是唐代五言绝句的压卷之作，展现了诗人在登高望远中表现出来的不凡的 胸 襟抱负，反映其积极向上的进取精神。前两句写所见，"白日依山尽"写山，"黄河入海流"写水，景色描写大气开阔。后两句写所想，"欲穷千里目"，写诗人的一种不断进取的愿望，想要看得更远，就要站得更高些；"更上一层楼"，用简单的叙事来说理，简明有力。后两句常常被引用，借以表达积极进取的人生态度。

经典名句

欲穷千里目，更上一层楼。

诵读指引

《登鹳雀楼》这首五言绝句是一首哲理诗，在浅白的字句中蕴含了丰富的哲理。在诵读时整体节奏要慢，注意通过适当的停顿和语势的起伏变化，表达出若有所思、有所顿悟的感觉。

登/鹳雀楼
白日/依山/尽，（"尽"重读，下行语势）
黄河/入海/流。（"流"轻读，延长声音，平行语势）
欲穷/千里目，（语速转快，"千里目"重读，上行语势）
更上/一层楼。（语速转缓，"更"重读，"一层楼"延长声音，字字读得缓而深沉，平行语势）

chí shàng èr jué qí èr

池上二绝 其二

J－18

（唐）白居易

xiǎo wá　　chēng xiǎo tǐng
小 娃[1] 撑 小 艇[2]，

tōu cǎi bái lián　　huí
偷 采 白 莲[3] 回 。

bù jiě　　cáng zōng jì
不 解[4] 藏 踪 迹[5]，

fú píng　　yí dào kāi
浮 萍[6] 一 道 开 。

（绘图：2018 级印尼学生　陈玲燕）

词语解释

[1] 小娃：小孩子。

[2] 艇：船。

[3] 白莲：白色的莲花。

[4] 解：懂得，明白。

[5] 踪迹：指被小艇划开的浮萍。

[6] 浮萍：水生植物，椭圆形叶子浮在水面，叶下面有须根，夏季开白花。

古诗今译

一个小孩撑着小船，偷偷地采了白莲花回来。他不知道怎么掩藏自己的踪迹，水面的浮萍上留下了船儿划过的一条痕迹。

作者简介

白居易

字、号：字乐天，号香山居士，又号醉吟先生

籍贯：山西太原

生卒年：772—846

身份：唐代现实主义诗人、翰林学士

获荣誉称号："诗魔""诗王"

代表作：《长恨歌》《琵琶行》《卖炭翁》等

◆×品×赏×析

这首诗写得很有童趣。莲花盛开的夏日里，一个天真可爱的小孩趁大人不注意，划着一条小船偷偷地去池塘采摘白莲花，摘到了白莲花，又赶紧划了回来。自以为行动机密，别人不会发现，可是由于不懂得（或是没想到）隐藏自己的踪迹，得意忘形地划着小船回来，小船把水面上平铺的浮萍划开，留下了一道明显的水路痕迹。这个小孩的秘密一下子就暴露了，而他（她）自己还不知道，令人读后忍俊不禁、哑然失笑。整首诗就像一组镜头，拍下了一个小孩偷采白莲花的情景，有景有色，有行动描写，有心理刻画，写出了小孩天真幼稚、活泼淘气的可爱形象。

◆×经×典×名×句

不解藏踪迹，浮萍一道开。

◆×诵×读×指×引

这首诗写一个小孩偷采白莲的情景，写得很有情趣，写出了小主人公天真幼稚、活泼淘气的可爱形象。朗读时要注意适当停顿和语气的变化，读出情趣。

池上二绝·其二

小娃/撑小艇，（语速平缓，"撑小艇"重读，平行语势）

偷采/白莲回。（语速加快，"偷采"声音延长，读出神秘的语气）

不解/藏踪迹，（语速缓慢，"不解"重读，延长声音，上行语势）

浮萍/一道开。（语速轻快，"一道开"重读，延长声音，读得笑逐颜开）

xiāng sī

相　思

J-19

（唐）王维

hóng dòu　　shēng nán guó
红 豆[1] 生 南 国[2]，

chūn lái fā jǐ zhī
春 来 发 几 枝 。

yuàn jūn duō cǎi xié
愿 君[3] 多 采 撷[4]，

cǐ wù zuì xiāng sī
此 物 最 相 思 。

（绘图：2018 级泰国学生　冯嘉言）

词 语 解 释

[1] 红豆：一种生长在岭南地区的植物，结出的籽是鲜红色的小豆豆。古人常用来表示
爱情或相思。

língnán

zǐ

[2] 南国：南方，这里指朋友所在的地方。

[3] 君：你。

[4] 采撷：采摘。

zhāi

古 诗 今 译

传说鲜红的、圆圆的豆子生长在南国的土地上，春天来了，不知红豆树会长出多少新枝
呢？希望你多多采摘它，因为它最能表达相思之情。

作 者 简 介

王　维

字、号：字摩诘，号摩诘居士，世称"王右丞"

籍贯：太原祁（今山西祁县）

生卒年：约701—761

身份：唐代诗人、尚书右丞

获荣誉称号："诗佛"、唐代山水田园诗派代表

代表作：诗作《山居秋暝》《渭川田家》等；《王右丞集》

（绘图：2018 级泰国学生　翁丽雅）

作品赏析

这首诗借助红豆鲜艳的色彩和动人的传说，传达出浓烈的相思之情，十分感人。题目又叫《江上赠 李龟年》，可见是思念朋友的诗。

首句以"红豆生南国"起兴，暗示后文的相思之情。红豆树生长在南方，传说是古代一位女子，因为丈夫战死边 疆，思念亡夫，哭死在了树下，她的眼泪变成了血泪，化作了树上的红豆，在春天的时候生长发芽，因而红豆树被称作相思树。这故事引起"我"对友人无限的思念。次句"春来发几枝"轻声一问，显得分外亲切。春天来了，不知道它会长出多少新枝呢？那枝条上的红豆是否会让友人想起"我"呢？第三句紧接着"愿君多采撷"，似乎是说："如果思念我，希望你多采摘一些红豆。看见红豆，就会想起我的一切吧，"暗示远方的友人珍重情谊。最后一句"此物最相思"，只因红豆是最能表达相思之情的。诗人所希望的，是友人每当看见这最能代表相思之意的红豆，就能想起正在思念友人的"我"。从诗人对友人的深切叮咛中，我们看到了诗人深重的相思之意。正是诗人对友人满心思念，才希望友人也有如此心情。

经典名句

愿君多采撷，此物最相思。

（绘图：2018 级泰国学生　王玲玲）

诵 读 指 引

　　《相思》是一首五言绝句，在诵读时前两句节奏明快，后两句融入思念的情感，通过适当的停顿、重读和语势的起伏变化，表达出浓浓的思念之情。

相思

红豆/生南国，（"红豆"读得轻而高，"生"重读，上行语势）
春来/发几枝。（"发"重读，"枝"和第 4 句"思"押韵，重读，上行语势）
愿君/多采撷，（语速转快，上行语势）
此物/最相思。（"最相思"读得缓而深沉，"最""思"重读，下行语势）

九月九日[1] 忆[2] 山东[3] 兄弟

jiǔ yuè jiǔ rì　yì　shān dōng　xiōng dì

J-20

（唐）王维

dú zài yì xiāng　wéi yì kè
独 在 异 乡[4] 为 异 客[5] ，

měi féng jiā jié　bèi sī qīn
每 逢 佳 节[6] 倍 思 亲 。

yáo zhī xiōng dì dēng gāo chù
遥 知 兄 弟 登 高[7] 处 ，

biàn chā zhū yú　shǎo yì rén
遍 插 茱 萸[8] 少 一 人 。

（绘图：2018 级印尼学生　罗建旗）

词语解释

[1] 九月九日：农历的九月初九，是中国传统节日重阳节。重阳节有登高祈福、秋游赏

菊、插戴茱萸、拜神求寿等传统习俗。现在，"登高赏秋"与"感恩敬老"是重阳节的两大
重要主题。

[2] 忆：想念、思念。

[3] 山东：这里指函谷 关 与太行山以东，称"山东"。

[4] 异乡：他乡、外地。

[5] 为异客：是当地的外地人，也就是他乡的客人。

[6] 佳节：美好的节日。

[7] 登高：登上高山。古代有重阳节登高的风俗。

[8] 茱萸：一种香草，即草决明。古时人们认为重阳节插戴茱萸可以避免灾祸。

◆◇ 古 诗 今 译 ◇◆

我独自一人远离家乡来到外地作客，每到欢庆美好的节日，就更加思念家中的亲人。我
在遥远的异地他乡想象着，今天是重阳节，兄弟们登高的时候都插戴着茱萸，就少了我一
个人。

◆◇ 作 者 简 介 ◇◆

王 维

字、号：字摩诘，号摩诘居士，世称"王右丞"

籍贯：太原祁（今山西祁县）

生卒年：约 701—761

身份：唐代诗人、尚书右丞

获荣誉称号："诗佛"、唐代山水田园诗派代表

代表作：诗作《山居秋暝》《渭川田家》等；《王右丞集》

作 品 赏 析

这首抒情小诗写得非常朴素，千百年来，人们在作客他乡、漂泊在外的时候读这首诗，都会产生强烈的共鸣。

开篇一句"独在异乡为异客"，写出了诗人一个人在异乡的孤独（gū dú）。在外地越是孤独，就越思念家乡的亲人。如果说平时的思乡之情可能不是那么强烈，那么，"每逢佳节倍思亲"，在代表团圆的节日里诗人不禁想到了家乡的人和事、山和水等，种种美好的回忆让诗人越来越思念亲人。"遥知兄弟登高处"，诗人想象着亲人团聚（tuán jù）的时候，兄弟们在重阳佳节登上高山，身上插着茱萸，该是多么快乐。可是"遍插茱萸少一人"，诗人没有在家乡和亲人一起欢度佳节，所以亲人在插戴茱萸时也会发现少了一个人，这样亲人肯定会像诗人想念他们一样思念诗人。

经 典 名 句

独在异乡为异客，每逢佳节倍思亲。

诵 读 指 引

《九月九日忆山东兄弟》是一首七言绝句，在诵读时整体节奏要慢，语气语调低沉，表达出"每逢佳节倍思亲"——浓烈的思念之情。

九月九日/忆/山东兄弟

独在异乡/为异客，（"独"重读，上行语势）
每逢佳节/倍思亲。（"倍"重读，低沉，下行语势）
遥知兄弟/登高处，（"遥"重读，且读得高而长，上行语势）
遍插茱萸/少一人。（"遍"重读并延长，"少"重读，平行语势）

巩

固

篇

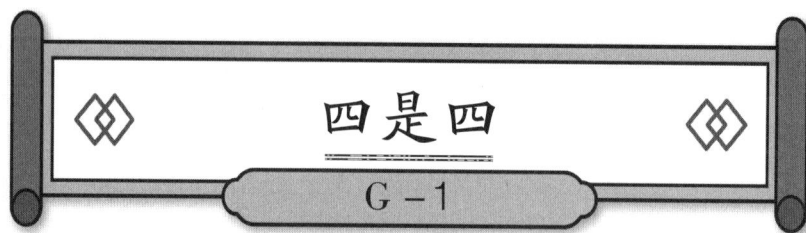

四是四

G－1

四 是 四，

十 是 十，

十 四 是 十 四，

四 十 是 四 十，

谁 能 分 得 清，

请 来 试 一 试。

（绘图：2018 级泰国学生　赵舒畅）

作 品 赏 析

这是一则使用频率很高的绕口令，主要用来练习卷舌音"sh"和平舌音"s"，要求能读得准确、流畅。

诵 读 指 引

这则绕口令共6句，节奏简单、语调轻快，可读为：四 是 四，十 是 十，十四 是 十四，四十 是 四十，谁能 分得 清，请来 试一 试。（× × ×，× × ×，× × × ××，× × × × ×，× × ×× ×，×× ×× ×。）

chuán hé chuáng

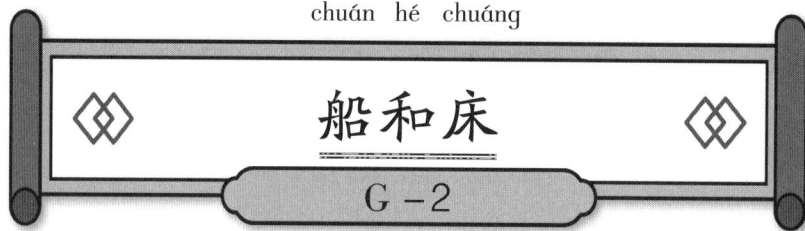

船和床

G-2

那边划[1]来一艘船，
sōu

这边漂[2]去一张床，
piāo

船床河中互相[3]撞[4]，
zhuàng

不知船撞床，

还是床撞船。

（绘图：2018级泰国学生　赵舒畅）

词语解释

［1］划：拨水前进。

［2］漂：浮在液体表面移动。

［3］互相：表示彼 此（bǐ cǐ）同样对待的关系。

［4］撞：两个物体用力相碰（pèng）。

作品赏析

这是一则绕口令，主要用来区分前鼻音韵母 an、后鼻音韵母 ang 的发音，要求能读得准确、流畅。

诵读指引

这则绕口令共 5 句，节奏简单、语调轻快，可读为：那边 划来 一艘 船，这边 漂去 一张床，船床 河中 互相 撞，不知 船撞 床，还是 床撞 船。(× × × × × × ×，× × × × × × ×，× × × × × × ×，× × × × ×，× × × × ×。)

《三字经》选读一

G-3

（宋）王应麟(lín)

人之初，性[1]本善。性相近，习[2]相远。

苟(gǒu)[3]不教(jiào)，性乃迁。教(jiào)之道，贵以专。

昔孟母，择邻处(chǔ)。子不学，断机杼(zhù)[4]。

窦(dòu)燕(yān)山，有义方。教(jiào)五子，名俱(jù)扬。

养不教(jiào)，父之过。教(jiào)不严，师之惰(duò)[5]。

子不学，非所宜。幼不学，老何为。

玉不琢(zhuó)[6]，不成器。人不学，不知义[7]。

（绘图：2018 级泰国学生　赵舒畅）

词语解释

［1］性：人的天性。
［2］习：后天的习惯。
［3］苟：如果、假如。
［4］机杼：织布机上的梭子。
［5］惰：不勤奋。
［6］琢：雕刻。
［7］义：道理、正义。

古文今译

人在出生之初，本性都是善良的，只是后天所处的环境不同和所受教育不同，彼此的习性才形成了巨大的差别。

如果从小不好好教育，善良的本性就会变坏，而最重要的教育方法就是要专心一致地去教育儿童。

战国时，为了使孟子有个好的学习环境，孟子的母亲曾三次搬家。有一次孟子逃学，孟母就折断了织布机上的梭子来鞭（biān）策孟子。

五代时，燕山人窦禹钧（jūn）教育儿子很有方法，他教育的五个儿子都很有成就，均科举成名。

仅供养儿女吃穿，而不好好教育，是父母的过错。只是教育，但不严格要求，就是做老师的懒惰了。

小孩子不肯好好学习，是很不应该的。一个人小时候如果不好好学习，既不懂做人的道理，又无文化知识，那么到老都很难有所作为。

玉不打磨雕（diāo）刻，不会成为精美的器物；人若是不学习，就不懂得礼仪和道理。

作者简介

关于《三字经》的成书年代和作者，历代说法不一，大多数后代学者认为是王应麟为了更好地教育本族子弟读书，编写了融会经史子集的三字歌诀。王应麟是宋人，《三字经》原著中的历史部分只截至宋朝。随着历史的发展，为了体现时代变迁，各朝代都有人对《三字经》不断地加以补充。

作品赏析

《三字经》内容的排列顺序体现了作者的教育思想。作者认为教育儿童第一要教"礼仪孝悌"，端正儿童的思想，知识的传授则在其次，即"首孝悌，次见闻"；教导儿童要从小入手，先识字，然后读经、子两类的典籍，之后再学习史书，如文中说："经子通，读诸史。"《三字经》还强调了学习的方法、态度和目的。可以说，《三字经》既是一部儿童识字课本，也是作者论述启蒙教育的著作。《三字经》用典多、知识性强，是一部在儒家思想指导下编成的读物，充满了积极向上的精神。《三字经》与《百家姓》《千字文》并称"中国传统蒙学三大读物"，合称"三百千"。

《三字经》的内容分为六个部分，每一部分有一个中心。从"人之初，性本善"到"人不学，不知义"，这一段节选自《三字经》开篇部分，讲的是教育和学习对儿童成长的重要性。

经典名句

人之初，性本善。性相近，习相远。
养不教，父之过。教不严，师之惰。

诵读指引

《三字经》是蒙学经典作品，三字一句，可断句为：××　×；诵读本选段时采用二一式停顿方式，吐字（词）清晰。可读为：人之 初，性本 善。性相 近，习相 远。苟不 教，性乃 迁。教之 道，贵以 专。昔孟 母，择邻 处。子不 学，断机 杼。窦燕 山，有义 方。教五子，名俱 扬。养不 教，父之 过。教不 严，师之 惰。子不 学，非所 宜。幼不 学，老何 为。玉不 琢，不成 器。人不 学，不知 义。

《三字经》选读二

G-4

（宋）王应麟

为 人 子 ，方 少(shào) 时 。亲 师 友 ，习 礼 仪 。

香 九 龄(líng)[1]，能 温 席 。孝 于 亲 ，所 当 执[2]。

融(róng)[3] 四 岁 ，能 让 梨 。弟[4] 于 长(zhǎng)[5]，宜 先 知 。

首 孝(xiào)[6] 悌(tì)[7]，次 见 闻 。知 某 数(shù)，识 某 文 。

（绘图：2018 级泰国学生　赵舒畅）

◆◇◆ 词 语 解 释 ◆◇◆

[1] 龄：岁，"九龄"就是现在说的九岁。
[2] 执：实行或执行。
[3] 融：古人孔融。
[4] 弟：通"悌"，尊敬、敬爱。
[5] 长：兄长。
[6] 孝：对父母尽心奉养并顺从；旧时尊长死后在一定时期内遵守的礼俗。
[7] 悌：敬爱兄长。

◆◇◆ 古 文 今 译 ◆◇◆

做儿女的，从小就应亲近老师和朋友，并从他们那里学习为人处事的礼节和知识。

东汉人黄香，九岁时就知道孝敬父亲，在父亲睡觉前先替父亲暖被窝。这是每个孝顺父母的人都应该实行和效仿的。

东汉人孔融，四岁时就知道把大的梨让给哥哥吃。这种尊敬兄长的道理，是每个人从小就应该知道的。

一个人首先要学的是孝顺父母和友爱兄弟的道理，其次要学习看到和听到的知识，增长见闻，并且要知道基本的算术方法，认识文字，阅读圣贤文章。

◆◇◆ 作 者 简 介 ◆◇◆

关于《三字经》的成书年代和作者，历代说法不一，大多数后代学者认为是王应麟为了更好地教育本族子弟读书，编写了融会经史子集的三字歌诀。王应麟是宋人，《三字经》原著中的历史部分只截至宋朝。随着历史的发展，为了体现时代变迁，各朝代都有人对《三字经》不断地加以补充。

◆◇◆ 作 品 赏 析 ◆◇◆

《三字经》内容的排列顺序体现了作者的教育思想。作者认为教育儿童第一要教"礼仪孝悌"，端正儿童的思想，知识的传授则在其次，即"首孝悌，次见闻"；教导儿童要从小入手，先识字，然后读经、子两类的典籍，之后再学习史书，如文中说："经子通，读诸史。"《三字经》还强调了学习的方法、态度和目的。可以说，《三字经》既是一部儿童识字课本，同时也是作者论述启蒙教育的著作。《三字经》用典多、知识性强，是一部在儒家思想指导下编成的读物，充满了积极向上的精神。《三字经》与《百家姓》《千字文》并称"中国传统蒙学三大读物"，合称"三百千"。

《三字经》的内容分为六个部分，每一部分有一个中心。本段节选内容通过列举黄香、孔融小时候的事例，强调儿童要懂礼仪，要孝敬父母、尊敬兄长。

经典名句

首孝悌，次见闻。知某数，识某文。

诵读指引

《三字经》是蒙学经典作品，三字一句，可断句为：××　×；诵读本选段时采用二一式停顿方式，吐字（词）清晰。可读为：为人 子，方少 时。亲师 友，习礼 仪。香九 龄，能温 席。孝于 亲，所当 执。融四 岁，能让 梨。弟于 长，宜先 知。首孝 悌，次见 闻。知某 数，识某 文。

《声律启蒙》选段

G-5

（清）车万育

《一东》节选

云对雨，雪对风，晚照对晴空。

来鸿[1]（hóng）对去燕，宿鸟[2]（sù）对鸣虫。

三尺剑，六钧[3]（jūn）弓，岭北对江东。

人间清暑殿[4]（diàn），天上广寒宫。

两岸晓烟杨柳绿，一园春雨杏花红（xìng）。

两鬓[5]（bìn）风霜，途次早行之客。

一蓑[6]（suō）烟雨，溪边晚钓之翁[7]（wēng）。

（绘图：2018 级泰国学生　赵舒畅）

词语解释

[1] 鸿：大雁。
[2] 宿鸟：归巢的鸟儿。
[3] 钧：古代的重量单位，三十斤是一钧。
[4] 殿：宫殿，古代指帝王居住的豪华的房子。
[5] 鬓：面颊两边靠近耳朵前面的地方；也指这个部位长出的头发。
[6] 蓑：用草或棕等编成的雨衣。
[7] 翁：老年男子。

古文今译

　　云和雨相对，雪和风相对，晚上的夕阳和晴朗的天空相对。飞来的大雁和离去的燕子相对，回巢的鸟儿和低鸣的虫子相对。三尺长的剑，六钧重的弓，岭北和江东相对。人间有消夏的清暑殿，天上有凄冷的广寒宫。两岸晨雾弥漫，杨柳翠绿，一园春雨霏霏，杏花艳红。两鬓斑白，清晨就有急于赶路的人了。傍晚烟雨迷蒙，老翁身披蓑衣在溪水边垂钓。

◆◆◆ 作 者 简 介 ◆◆◆

车万育

字、号：字双亭，号鹤田

籍贯：湖南邵阳

生卒年：1632—1705

身份：清代朝廷军事顾问、书法家、收藏家

代表作：《声律启蒙》

◆◆◆ 作 品 赏 析 ◆◆◆

诗词和对联是中国古代重要的文学形式，在古代，自私塾（shú）的幼童起，就开始了对声调、音律、格律等文学修养的基本训练。《声律启蒙》是训练儿童应对，掌握声韵、格律的启蒙读物，是声律训练方面较有代表性的作品。按韵分编，包罗天文、地理、花木、鸟兽、人物、器物等的虚实应对。从单字对到双字对，从三字对、五字对、七字对到十一字对，层层属对，声韵协调，读起来朗朗上口，极具音乐性，儿童从中可得到语音、词汇、修辞方面的训练，为创作诗词和对联打好基础。

◆◆◆ 经 典 名 句 ◆◆◆

云对雨，雪对风，晚照对晴空。
来鸿对去燕，宿鸟对鸣虫。
人间清暑殿，天上广寒宫。

诵 读 指 引

　　这是教儿童掌握声韵、格律的启蒙读物。声韵协调，朗朗上口，全篇三字句采用二一式节奏，五字句采用二二一式节奏，七字句采用二二二一式节奏，四字句采用二二式节奏，六字句采用二二二式节奏，可读为：云对 雨，雪对 风，晚照 对晴 空。来鸿 对去 燕，宿鸟 对鸣 虫。三尺 剑，六钧 弓，岭北 对江 东。人间 清暑 殿，天上 广寒 宫。两岸 晓烟 杨柳 绿，一园 春雨 杏花 红。两鬓 风霜，途次 早行 之客。一蓑 烟雨，溪边 晚钓 之翁。

《弟子[1]规》选段

G-6

（清）李毓秀（yù）

总　叙

弟子规　圣人[2]训　首孝悌　次谨（jǐn）信
泛爱众　而亲仁　有余力　则学文[3]

入则孝

父母呼　应勿[4]缓（huǎn）　父母命　行勿懒（lǎn）
父母教[5]　须敬听　父母责[6]　须顺承[7]

冬则温　夏则清（qìng）　晨则省[8]（xǐng）　昏则定[9]
出必告　反[10]必面　居有常[11]　业无变[12]

事虽小　勿擅为[13]（shàn）　苟[14]擅为　子道[15]亏
物虽小　勿私藏　苟私藏　亲[16]心伤
亲所好[17]　力[18]为具[19]　亲所恶　谨[20]为去[21]

身有伤　贻[22]（yí）亲忧　德有伤　贻亲羞[23]（xiū）

亲爱我　孝何难[24]　亲憎我（zēng）　孝方[25]贤

亲有过[26]　谏使更（jiàn gēng）　怡[27]（yí）吾色　柔[28]吾声

谏不入[29]　悦复谏　号泣随[30]　挞[31]无怨

亲有疾[32]　药先尝　昼夜侍　不离床

丧[33]三年　常悲咽[34]　居处变[35]　酒肉绝[36]

丧尽礼[37]　祭尽诚　事[38]死者　如事生

（绘图：2018 级老挝学生　宋美珠）

词语解释

[1] 弟子：旧时对学生或年纪小的人的称谓。
[2] 圣人：孔子。
[3] 文：文献、典籍。
[4] 勿：不要、不。
[5] 教：教育、教诲。
[6] 责：责备、责骂。
[7] 顺承：顺从地接受。
[8] 省：问安、请安。

［9］定：服侍父母安定地入睡。

［10］反：同"返"，返家、返回。

［11］常：固定不变、保持常规。

［12］变：变化、改变。

［13］擅为：擅自做主、盲目行动。

［14］苟：如果、若是。

［15］子道：为人子女之道。

［16］亲：父母。

［17］好：喜好、爱好。

［18］力：尽力、努力。

［19］具：置办、准备。

［20］谨：认真、严肃、恭敬的态度。

［21］去：去掉、除去。

［22］贻：遗留，此处引申为带给。

［23］羞：羞耻、耻辱。

［24］何难：不会有什么困难、不难。

［25］方：才。

［26］过：过错、过失。

［27］怡：和悦。

［28］柔：柔和、温和。

［29］入：听取、采纳。

［30］随：紧接着、跟随。

［31］挞：鞭打。

［32］疾：疾病。

［33］丧：跟人去世有关的事情。这里指守丧。

［34］悲咽：因悲哀伤心而哭泣。

［35］居处变：举丧期间，子女的日常生活起居应当有所变化、简化，以示孝道，如夫妻分居、禁食酒肉等。

［36］绝：杜绝、戒除。

［37］礼：礼节。

［38］事：对待、侍候。

总叙

为人子弟最需要遵守的规矩，是孝敬父母、与兄弟姐妹和睦相处，其次是谨言慎行、信守承诺。

博爱大众，亲近有好品德的人。在具备良好的思想道德后，有多余精力，就应该多学多问。

入则孝

tuō yán

如果父母呼唤自己，应该及时应答，不要故意拖延迟缓；如果父母交代自己去做事情，应该立刻动身去做，不要故意拖延或推辞偷懒。

父母教诲自己的时候，态度应该恭敬，并仔细聆听父母的话；父母批评和责备自己的时候，不管自己认为父母批评的是对是错，都应该态度恭顺，不要当面顶撞。

冬天天气寒冷，在父母睡觉之前，应该提前为父母暖被窝，夏天天气酷热，应该提前帮父母把床铺扇凉；早晨起床后，应该先探望父母，向父母请安问好；到了晚上，应该照顾父母就寝后再入睡。

出门前，应该告诉父母自己的去向，免得父母因找不到自己而担心；回到家，应该先当面见一下父母，报个平安；虽然子女有出息，父母会高兴，但是父母对子女最大的期望是子女平平安安、稳稳当当，一生没有灾祸，所以，居住的地方尽量固定，不要经常搬家，谋生的工作也不要经常更换。

事情虽小，也不要擅自做主和行动；擅自行动造成错误，让父母担忧，有失做子女的本分。

自己有什么东西，就算很小，也不要背着父母私藏。哪一天被父母发现，会让父母很伤心。

父母喜欢的事情，应该尽力去做；父母厌恶的事情，应该小心谨慎不要去做。

自己的身体受到伤害，必然会让父母忧虑；自己的名声德行受损，必然会令父母蒙羞受辱。

父母对自己态度慈爱的时候，孝敬父母、对父母恭顺不是什么难事；父母对自己态度不好，甚至打骂自己时，还能对父母心存孝意，才是难能可贵。

如果自己认为父母有过错，应该努力劝导父母改过向善，以免父母铸成大错，陷于不义的境地；说话的时候应该态度诚恳、语气轻柔。

如果自己劝解的时候，父母听不进去，不要顶撞，应该等父母高兴的时候再规劝；如果父母不听劝，就暂时顺从父母；如果把父母劝恼，父母生气责打自己，不要心生怨恨，更不要当面埋怨。

父母生病时，要替父母先尝药的冷热、检查药物是否安全；应该尽力昼夜服侍，一刻也不离开父母病床。

父母去世之后，守孝三年，经常追思、感怀父母的养育之恩；生活起居习惯要改变，不能贪图享受，要戒酒戒肉。

办理父母的丧事要合乎礼节，不可铺张浪费；祭奠父母要诚心诚意；对待去世的父母，要像生前一样恭敬。

作 者 简 介

李毓秀

字、号：字子潜，号采三

籍贯：绛州（今山西新绛县）

生卒年：1647—1729

身份：清代学者、教育家

代表作：《弟子规》等蒙学书籍

作 品 赏 析

　　《弟子规》是一部蒙学经典，所谓"弟子"，是指要做圣贤弟子，而"规"是"夫""见"二字的合体，意思是大丈夫的见识。整个书名是说要学习圣贤经典，做圣贤弟子，成为大丈夫。

　　《弟子规》全文总计360句，1 080字，用通俗的文字、三字韵的形式阐述了学习的重要性、做人的道理以及待人接物的礼仪常识等，内容涉及生活起居、衣服纽冠^{niǔguān}、行为仪止、道德品性、处世之道等。全书以《论语》中"弟子入则孝，出则弟，谨而信，泛爱众，而亲仁，行有余力，则以学文"一章为总纲，在《总叙》"弟子规，圣人训。首孝悌，次谨信。泛爱众，而亲仁。有余力，则学文"中指出了七个方面的内容，即孝、悌、谨、信、爱众、亲仁、学文，分别选自《论语》《孟子》《礼记》《孝经》和朱熹语录编辑而成，其中前六个方面属于德育修养，最后一个方面属于智育修养。《弟子规》文笔自然流畅，朴实无华，是教育子弟远邪小^{xié}、走正道，养成忠厚家风的必备读物，影响深远，在中国传统文化中占有重要地位。

　　本篇节选内容为《弟子规》的《总叙》及《入则孝》。

经×典×名×句

泛爱众　而亲仁　有余力　则学文

诵×读×指×引

　　《弟子规》是儿童启蒙读物，全部是三字一句，节奏比较统一，各句均采用二一式节奏，本选段可读为：

《弟子规》
总叙
弟子 规　　圣人 训　　首孝 悌　　次谨 信
泛爱 众　　而亲 仁　　有余 力　　则学 文
入则孝
父母 呼　　应勿 缓　　父母 命　　行勿 懒
父母 教　　须敬 听　　父母 责　　须顺 承
冬则 温　　夏则 清　　晨则 省　　昏则 定
出必 告　　反必 面　　居有 常　　业无 变
事虽 小　　勿擅 为　　苟擅 为　　子道 亏
物虽 小　　勿私 藏　　苟私 藏　　亲心 伤
亲所 好　　力为 具　　亲所 恶　　谨为 去
身有 伤　　贻亲 忧　　德有 伤　　贻亲 羞
亲爱 我　　孝何 难　　亲憎 我　　孝方 贤
亲有 过　　谏使 更　　怡吾 色　　柔吾 声
谏不 入　　悦复 谏　　号泣 随　　挞无 怨
亲有 疾　　药先 尝　　昼夜 侍　　不离 床
丧三 年　　常悲 咽　　居处 变　　酒肉 绝
丧尽 礼　　祭尽 诚　　事死 者　　如事 生

赠汪伦[1]
G-7

（唐）李白

李白乘舟[2]将欲[3]行，

忽闻岸上踏歌[4]声。

桃花潭[5]水深千尺，

不及[6]汪伦送我情。

（绘图：2018级泰国学生　王玲玲）

词 语 解 释

[1] 汪伦：李白的朋友。

[2] 乘舟：坐船。

[3] 将欲：将要。

[4] 踏歌：一边唱歌，一边用脚踏地打拍子。

[5] 桃花潭：潭水名，在今安徽 泾 县西南。
huī jīng

[6] 不及：不如。

古 诗 今 译

　　李白我坐上小船刚要出发，忽然听到岸上传来阵阵踏歌的声音。桃花潭水即使有千尺那么深，也比不上汪伦送别我的情谊深。

作 者 简 介

李白

字、号：字太白，号青莲居士

籍贯：陇西成纪（今甘肃秦安）

生卒年：701—762

身份：唐代浪漫主义诗人

获荣誉称号："诗仙"

代表作：《静夜思》《望庐山瀑布》《行路难三首》《蜀道难》《将进酒》等

◆◇ 作 品 赏 析 ◇◆

　　大诗人李白喜欢游览名山大川、结交朋友。这次他到安徽泾县的汪伦家里做客，受到汪
伦热情的 款待。临行前有感于汪伦对他的情谊，就作了这首留别诗。李白在诗中一开始说自
己打算坐船离开，没想到听到了岸上传来汪伦边走边唱前来送别的歌声。李白非常感动，就
用身边的桃花潭水和朋友的情谊作比较：即使桃花潭水有千尺之深，那也不如汪伦送别他的
情谊深，生动而巧妙地表达了他和汪伦之间的真挚情感。

◆◇ 经 典 名 句 ◇◆

　　桃花潭水深千尺，不及汪伦送我情。

◆◇ 诵 读 指 引 ◇◆

　　《赠汪伦》是一首七言绝句，第1、4句句尾"行""情"押韵，诵读时整体节奏要慢，
注意通过适当的停顿、重读和语势的起伏变化，传达出好友间深厚的友谊。

　　　赠／汪伦
　　　李白／乘舟／将欲行，（"行"重读，平行语势）
　　　忽闻／岸上／踏歌声。（"忽"读得短，"踏歌声"读得高，上行语势）
　　　桃花潭水／深千尺，（"深千尺"重读且缓续，下行语势）
　　　不及汪伦／送我情。（"送我情"读得缓而深沉，"情"重读，平行语势）

回乡偶书二首 其一
G-8

（唐）贺知 章（zhāng）

少小[1] 离家老大[2] 回，

乡音[3] 无改鬓（bìn）毛[4] 衰（cuī）[5]。

儿童相见不相识，

笑问客从何处来。

（绘图：2018 级老挝学生　宋美珠）

◆━━◇━━◆ 词 语 解 释 ◆━━◇━━◆

[1] 少小：年轻、年少的时候。
[2] 老大：年老的时候。
[3] 乡音：家乡的口音。
[4] 鬓毛：鬓角的头发。
[5] 衰：衰减，这里指头发稀少。为押韵，读古音 cuī。

◆━━◇━━◆ 古 诗 今 译 ◆━━◇━━◆

我很小就离开家乡，年纪大了才回来，我这家乡的口音没有改变啊，可我的鬓发却已经变得稀稀疏疏。小孩子们看见我都不认识我，笑嘻嘻地问："这位客人，您是从哪个地方来啊？"

◆━━◇━━◆ 作 者 简 介 ◆━━◇━━◆

贺知章

字、号：字季真，自号"四明狂客"

籍贯：越州永兴（今浙江萧山）

生卒年：659—约744

身份：唐代诗人、书法家

获荣誉称号："吴中四士"之一、"饮中八仙"之一

代表作：《咏柳》《回乡偶书二首》等

◆ 作 品 赏 析 ◆

　　"偶书"就是随时把所见、所感写下来，题目中"回乡偶书"的意思就是诗人在年老回到家乡时写下了自己的所思所感。

　　诗人年轻时去长安做官，年老后才回到家乡。诗人当年离家时风华正茂、青春昂扬，而现在回来时却是斑斑白发、老态龙钟。诗人满头黑发变成了"鬓毛衰"，但是，诗人的"乡音"却没有改变，说明诗人内心没有忘记自己的根，始终没有忘记自己的家乡。在后两句中，诗歌描写了一个有趣的场景：家乡的儿童天真可爱，一看到这位年迈但又陌生的老人走过来，不禁笑呵呵地问道："您是从哪个地方来的客人啊？"儿童竟然把他看成了客人，看成了外乡人！以此来进一步说明诗人离乡之久，早已物是人非。

◆ 经 典 名 句 ◆

　　少小离家老大回，乡音无改鬓毛衰。

◆ 诵 读 指 引 ◆

　　《回乡偶书二首·其一》是一首七言绝句，第1、2、4句句尾"回""衰""来"押韵。诵读时整体节奏要慢，注意通过沉重的语气和低沉的语调，传达出暮年回乡、故乡已成他乡的无奈感。

回乡偶书二首·其一

　　少小/离家/老大回，（"回"重读，平行语势）
　　乡音/无改/鬓毛衰。（"鬓毛衰"重读且低沉，下行语势）
　　儿童/相见/不相识，（无奈的语气，平行语势）
　　笑问/客从/何处来。（"何处来"重读，疑问语气，上行语势）

江　雪

G-9

（唐）柳宗元 (liǔ zōng)

千山鸟飞绝 (jué) [1]，

万径 (jìng) [2] 人踪 (zōng) [3] 灭 [4]。

孤舟 (gū zhōu) [5] 蓑笠 (suō lì) [6] 翁 (wēng)，

独 [7] 钓 (diào) [8] 寒江雪。

（绘图：2018 级印尼学生　陈玲燕）

词 语 解 释

[1] 绝：无、没有。
[2] 万径：虚指，指千万条路。
[3] 人踪：人的脚印。
[4] 灭：消失。
[5] 孤舟：孤零零的小船。
[6] 蓑笠：蓑衣和斗笠，指古代用来遮雨的衣服和帽子。
[7] 独：独自。
[8] 钓：钓鱼。

古 诗 今 译

所有的山上不见鸟儿飞过的影子，所有的路上没有了人的脚印。孤单的小船上有一位披着蓑衣、戴着斗笠的老翁，独自在这大雪漫天的寒冷江面上垂钓。

作 者 简 介

柳宗元

字、号：字子厚，世称"柳河东"，
又称"柳柳州"

籍贯：河东一带（今山西运城）

生卒年：773—819

身份：唐代诗人、文学家、哲学家、散文家、思想家

获荣誉称号："唐宋八大家"之一

代表作：诗作《江雪》《溪居》《渔翁》；《河东先生集》等

作品赏析

这是一首五言绝句，只有短短的四句二十个字，却表现出诗人独特的个性。大雪茫茫，山上没有一只飞鸟的影子，地上没有任何人走的痕迹，天寒地冻，万物肃杀（sù shā），可偏偏有一位渔翁与众不同，他披着蓑、戴着笠，自顾自地在小船上垂钓，对外在环境的严酷丝毫不觉。诗中的渔翁在天地之间显得很渺小、很孤单，但他专注钓鱼、不畏外界严寒逼迫的形象在读者眼中又十分高大。渔翁的"独钓"体现了诗人不同流俗（liú sú）的强大意志和孤傲（gū ào）精神。

经典名句

孤舟蓑笠翁，独钓寒江雪。

诵读指引

《江雪》是一首五言绝句。第1、2、4句句尾"绝""灭""雪"押韵，诵读时注意通过适当的停顿、重读和语势的起伏变化，传达出诗人孤傲和不同流俗的品格。

江雪

千山/鸟飞绝，（"千山"读得重而缓，"绝"重读，上行语势）

万径/人踪灭。（"万径"读得重而缓，"灭"重读，下行语势）

孤舟/蓑笠翁，（音调高，上行语势）

独钓/寒江雪。（"独钓"重读，"寒江雪"读得缓而重，下行语势）

山 行

G－10

（唐）杜牧

远上寒山[1] 石径斜[2]（xiá），
白云生处有人家。
停车[3] 坐[4] 爱枫林晚[5]（fēng），
霜[6]（shuāng）叶红于[7]二月花。

（绘图：2018 级印尼学生　陈玲燕）

词语解释

[1] 寒山：深秋时候的山。

[2] 斜：为押韵，此处可读古音"xiá"，是"倾斜"的意思。

[3] 车：马车。

[4] 坐：因为。

[5] 枫林晚：傍晚时的枫树林。

[6] 霜叶：经过秋霜之后变红的枫叶。

[7] 红于：比……红。

古诗今译

山上的石路弯弯曲曲一直伸到了远处，白云飘浮的地方住着几户人家。我停下马车是因为喜爱这傍晚时的枫林，那经过秋天寒霜考验之后的红叶比二月的春花还要鲜艳。

作者简介

杜 牧

字、号：字牧之，号樊川居士，

后世又称他为"杜樊川"

籍贯：京兆万年（今陕西西安）

生卒年：803—852

身份：唐代诗人

获荣誉称号：创晚唐诗歌高峰，与李商隐合称"小李杜"

代表作：《赤壁》《过华清宫绝句三首》《泊秦淮》《清明》《江南春》等

作×品×赏×析

　　这是一首七言绝句，主要描写美丽的山林秋景。诗人在山林里赶路，山路弯曲，直到山林远处，白云朵朵，掩映着几户人家，山里的景色是那么安静、自然、和谐。诗人停下了车子，被眼前一片片红色的枫林吸引。诗人发现，秋天的山林并没有像人们想象的那样衰败，枫叶经过寒霜的考验后反而要比春天二月的红花更加鲜艳。这是秋枫历经磨难依然生机勃勃的美，感动了诗人，也带给读者积极向上的鼓舞力量。

经×典×名×句

　　停车坐爱枫林晚，霜叶红于二月花。

诵×读×指×引

　　《山行》是一首七言绝句，第1、2、4句句尾"斜""家""花"押韵，诵读时整体节奏要慢，注意通过语气、语调的变化，传达出积极向上的力量。

山行

　　远上/寒山/石径斜，（"寒山"重读且低沉，"石径斜"读得高而长，"斜"重读，上行语势）

　　白云/生处/有人家。（"生处"重读，下行语势）

　　停车/坐爱/枫林晚，（"枫林晚"缓读，上行语势）

　　霜叶/红于/二月花。（"霜叶"读得低沉，"二月花"读得高而缓，"花"重读，上行语势）

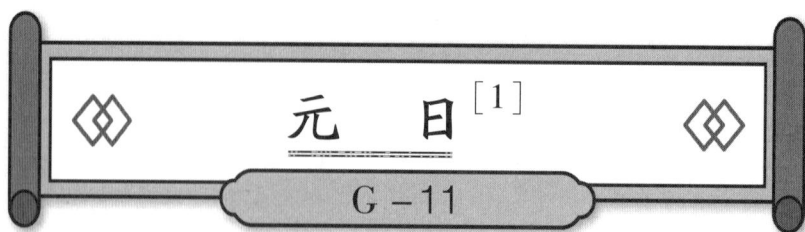

元　日[1]

G-11

（宋）王安石

bào　　　　　　　chú
爆 竹 声[2] 中 一 岁 除[3]，

tú sū
春 风 送 暖 入 屠 苏[4]。

tóng
千 门 万 户[5] 瞳 瞳[6] 日，

táo　　　　　　fú
总 把 新 桃[7] 换 旧 符。

（绘图：2018 级老挝学生　宋美珠）

词 语 解 释

[1] 元日：农历正月初一。

[2] 爆竹声：古人烧竹子时竹子爆裂发出的响声，以驱鬼辟邪（qū bì xié）。后来改成放鞭炮（biānpào）。

[3] 一岁除：一年过去了。

[4] 屠苏：屠苏酒。古人过年时的习俗，全家大小都要喝屠苏酒，以辟邪防病。

[5] 千门万户：家家户户。

[6] 曈曈：太阳初升时光亮的样子。

[7] 桃：桃符。古代民间的一种风俗，正月初一时人们把画有神荼、郁垒（tú yù lěi）的两座神像（或是写有两位神仙名字）的桃木板挂在门上，用来驱鬼避邪、保佑平安。

古 诗 今 译

在阵阵爆竹声中旧的一年过去了，春风吹来了温暖，人们畅快地喝着屠苏酒。初升的太阳照耀着千家万户，大家都把旧的桃符取下，换上了新的。

作 者 简 介

王安石

字、号： 字介甫，号半山，别称"临川先生"

籍贯： 抚州临川（今江西抚州）

生卒年： 1021—1086

身份： 宋代文学家、改革家、政治家

获荣誉称号： "唐宋八大家"之一

代表作： 《临川先生文集》《临川集拾遗》等

作 品 赏 析

这是一首七言绝句，主要描写迎接春节时热闹欢乐的民俗活动。正月初一，人们放爆竹，喝屠苏酒，挂上新的桃符，高高兴兴地迎接新年的到来。春节是春天到来的节日，春风和暖，初升的太阳把千家万户都照耀得十分明亮，一切都充满着希望。这首诗也表达了身为改革家的诗人对通过变法革新政治的乐观态度。

经 典 名 句

千门万户曈曈日，总把新桃换旧符。

诵 读 指 引

《元日》是一首七言绝句，第1、2、4句句尾"除""苏""符"押韵，诵读时整体节奏要慢，通过欢快的语气，体现喜庆的节日气氛，表达充满希望和乐观向上的态度。

元日

爆竹声中／一岁／除，（"爆竹声"读得高而快，"除"重读，上行语势）
春风／送暖／入／屠苏。（"入屠苏"缓读，"苏"重读，平行语势）
千门万户／曈曈日，（"千门万户"读得缓而重，"曈曈"重读，上行语势）
总把／新桃／换／旧符。（"换旧符"读得低而缓，"符"重读，下行语势）

别[1] 董大[2] 二首其一

G-12

（唐）高适

千里黄云[3] 白日曛[4]（xūn），

北风吹雁（yàn）雪纷纷。

莫愁（mò chóu）[5] 前路无知己[6]（jǐ），

天下谁人[7] 不识君（jūn）。

（绘图：2018 级印尼学生　谢承良）

◆◇ 词语解释 ◇◆

[1] 别：送别。
[2] 董大：当时著名的琴师董庭兰。他在兄弟中排行第一，所以人称"董大"。
[3] 黄云：北方黄沙飞扬，所以白云都染上了黄色。
[4] 曛：昏黄。
[5] 莫愁：不要发愁、不要担心。
[6] 知己：懂得自己的人。
[7] 谁人：哪个人。

◆◇ 古诗今译 ◇◆

　　到处是飞扬的黄沙，白云染上了黄色，太阳也变得昏暗无光，北风呼呼，吹送大雁南飞，大雪纷纷落下。不要担心未来的路途上没有知己啊，天下哪个人不认识你董大呢。

◆◇ 作者简介 ◇◆

高　适

字、号：字达夫，一字仲武

籍贯：沧州渤海（今河北景县）

生卒年：700—765

身份：唐代边塞诗人

获荣誉称号："边塞四诗人"之一

代表作：诗作《燕歌行》《塞下曲》《别董大二首》等；《高常侍集》等

作 品 赏 析

这是一首送别诗。诗歌的前两句描写了送别时的自然景色：黄沙飞扬、天空昏黄、北风狂吹、大雪漫天，连大雁也要离开这里飞到温暖的南方，以景衬情，可以想象，这种天气下的送别会让人的心情更加沉重、更加伤感。但诗歌的后两句改变了写法，诗人反而劝慰朋友董庭兰说：你不用担心以后没有人了解自己，凭借你的音乐才华，天下哪个人会不认识你呢？这句话是在严寒天气中对朋友的鼓励，增强了朋友对未来道路的信心，董庭兰听了一定会十分温暖，备受鼓舞。

经 典 名 句

莫愁前路无知己，天下谁人不识君。

诵 读 指 引

《别董大二首·其一》是一首七言绝句，第1、2、4句句尾"曛""纷""君"押韵，诵读时语气、语调低沉，传达出与友人离别的伤感和悲凉的心境。

别董大二首·其一
千里／黄云／白日曛，（"千里""白日"读得低而缓，"曛"重读，下行语势）
北风／吹雁／雪纷纷。（"北风""吹雁"读得低而缓，"纷纷"读得重而缓，下行语势）
莫愁／前路／无知己，（语速转快，劝慰语气，平行语势）
天下／谁人／不识君。（"谁人"重读，"不识君"读得缓而深沉，上行语势）

枫桥[1] 夜泊[2]

G – 13

（唐）张继

月落乌啼[3] 霜满天[4]，

江枫[5] 渔火[6] 对愁眠[7]。

姑苏[8] 城外寒山寺[9]，

夜半钟声[10] 到客船。

（绘图：2018 级泰国学生　千曼曼）

词语解释

[1] 枫桥：桥名，在今江苏苏州城西。

[2] 夜泊：晚上把船停靠在河边。

[3] 乌啼：乌鸦啼叫。

[4] 霜满天：霜是接近地面的水汽在0℃以下凝结而成的，霜不可能满天，这里是形容天气格外寒冷。

[5] 江枫：江边的枫树。

[6] 渔火：渔船上的灯火。

[7] 对愁眠：陪伴着内心愁烦难以入睡的人。

[8] 姑苏：苏州的别称，因城西南有姑苏山而得名。

[9] 寒山寺：枫桥附近的一座寺院。相传因唐代僧人寒山、拾得曾住在此处而得名。

[10] 夜半钟声：当时的佛寺有半夜敲钟的习惯。

古 诗 今 译

月亮落下，乌鸦啼叫，寒气满天，江边的枫树与船上的渔火陪伴着我满怀愁绪而眠。半夜姑苏城外寒山古寺的钟声，又清晰地传到了我的小船上。

作 者 简 介

张 继

字、号：字懿(yì)孙

籍贯：湖北襄州（今湖北襄阳）

生卒年：约715—779

身份：唐代诗人

代表作：《枫桥夜泊》

◆◆ 作 品 赏 析 ◆◆

这是首广为人知、千古传诵的名诗。前两句描写了诗人停船在苏州枫桥边后所见清冷幽静的夜色：月亮渐渐落下，夜已经很深了，几声乌鸦的啼叫更显出四周的寂静，寒冷的空气让诗人觉得霜花不在地而在天，江边的枫树与船上的点点灯火陪伴着怀着愁思无法入眠的诗人。前两句中集合了很多自然的景物，到了后两句，诗人就只写了自己的所闻：不远处寒山寺半夜的钟声，悠悠扬扬地传到了自己所在的小船上，自己在枫桥的这一晚注定难以入眠！这首诗既让大家感受到江南水乡秋夜的凄清幽远，又表达出诗人淡淡的愁绪，读后令人回味悠长。

◆◆ 经 典 名 句 ◆◆

姑苏城外寒山寺，夜半钟声到客船。

◆◆ 诵 读 指 引 ◆◆

《枫桥夜泊》是一首七言绝句，第1、2、4句句尾"天""眠""船"押韵，诵读时整体语气悲凉，语调低沉，节奏缓慢，传达出淡淡的愁绪。

枫桥/夜泊

月落/乌啼/霜满天，（"霜满天"重读，下行语势）
江枫/渔火/对愁眠。（"对愁眠"重读，下行语势）
姑苏/城外/寒山寺，（语速转快，上行语势）
夜半/钟声/到客船。（语速转慢，"到客船"读得缓而深沉，平行语势）

竹 石

G-14

（清）郑燮 [xiè]

咬定[1] 青山 不 放 松， [yǎo]

立 根[2] 原[3] 在 破 岩[4] 中。 [gēn] [pò yán]

千 磨[5] 万 击[6] 还 坚 劲， [mó] [jī] [hái jiān jìn]

任[7] 尔[8] 东 西 南 北 风。 [rèn] [ěr]

（绘图：2018 级印尼学生　陈玲燕）

词 语 解 释

［1］咬定：咬住。这里是比喻竹子的根扎得很结实，像咬住了青山不松口一样。
［2］立根：生根、扎根。
［3］原：原来、本来。
［4］破岩：破裂的岩石。
［5］磨：折磨、磨炼。
［6］击：打击。
［7］任：任凭。
［8］尔：你。

古 诗 今 译

　　竹子紧紧地咬住青山不松口，原来它的根深深地扎进了破裂的岩石中。经受了千万次的折
磨、打击后，它仍然坚劲挺拔，任凭来自东西南北各个方向的狂风打击，都不能让它屈服。

作 者 简 介

郑 燮

字、号：字克柔，号板桥

籍贯：江苏兴化

生卒年：1693—1765

身份：清代书画家、文学家

获荣誉称号："扬州八怪"之一

代表作：诗作《竹石》；《郑板桥集》；画作《修竹新篁图》《清光留
　　　　照图》等

作品赏析

这是一首题画诗。画面上竹子生存的环境十分恶劣（è liè），它的脚下不是平坦肥沃的土地，而是破碎的岩石，但竹子不怕困难，依然把根深深地扎进破裂的岩石中。诗人用"咬定"二字，把岩石上的竹子拟人化（nǐ rén），写出了竹子的坚韧和顽强（wánqiáng）。不仅如此，竹子在承受了来自东西南北各个方向狂风的摧折（cuī zhé）、经历了千万次的磨难和打击后，仍然保持着自己挺拔向上的姿态。这首诗表面上是在描写竹子，其实是在写人，表达了诗人在艰苦条件下无所畏惧、正直倔强、不向邪恶势力低头的品格。

经典名句

千磨万击还坚劲，任尔东西南北风。

诵读指引

《竹石》是一首七言绝句，第1、2、4句句尾"松""中""风"押韵，诵读时通过坚定的语气传达出诗人坚强的意志和无所畏惧的品格。

竹石

咬定/青山/不放松，（"咬定""松"重读，语气坚决，上行语势）
立根/原在/破岩中。（"立根""中"重读，平行语势）
千磨/万击/还坚劲，（"千磨万击"读得缓而重，"坚劲"重读，上行语势）
任尔/东西/南北风。（读出坚定、洒脱无畏之意，"风"重读，平行语势）

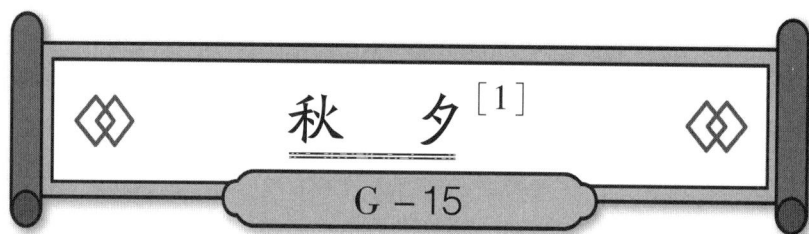

秋 夕 [1]

G-15

（唐）杜牧

银烛[2] 秋 光 冷 画 屏[3] ，

轻 罗 小 扇[4] 扑 流 萤[5] 。
yíng

天 阶[6] 夜 色 凉 如 水 ，

坐 看[7] 牵 牛 织 女 星[8] 。
qiān

（绘图：2018 级老挝学生　宋美珠）

◆━━◇ 词 语 解 释 ◇━━◆

[1] 秋夕：秋天的晚上。
[2] 银烛：银色的蜡烛。一作"红烛"。
[3] 画屏：画有美丽图案的屏风。
[4] 轻罗小扇：用丝做成的很轻巧的圆形扇子。
[5] 流萤：飞着的萤火虫。
[6] 天阶：露天的石阶。一作"天街"。
[7] 坐看：坐着朝天看。一作"卧看"。
[8] 牵牛织女星：牛郎和织女是中国古代神话中的两个人物。这里是指两个星座：牵牛星和织女星。

◆━━◇ 古 诗 今 译 ◇━━◆

秋天的夜晚，银烛的烛光映照在清冷的画屏上，一位宫女手上拿着小扇扑打萤火虫。夜色里，石阶清凉如水，她坐下来遥望天上的牵牛星和织女星。

◆━━◇ 作 者 简 介 ◇━━◆

杜 牧

字、号：字牧之，号樊川居士，
后世又称他为"杜樊川"

籍贯：京兆万年（今陕西西安）

生卒年：803—852

身份：唐代诗人

获荣誉称号：创晚唐诗歌高峰，与李商隐合称"小李杜"

代表作：《赤壁》《过华清宫绝句三首》《泊秦淮》《清明》《江南春》等

作 品 赏 析

古代中国，有这样一类女子，她们在青春年少之时便被选入宫中伺候皇帝，却又很难得到皇帝的宠爱。这首诗写的就是这样一位孤单的宫女，在七夕这天晚上，仰望天上的牵牛星和织女星，不时用小扇扑打萤火虫，以排解心中的寂寞忧愁^{yōuchóu}。诗歌通过一系列动作描写表现了一位失意的宫女的孤独生活和凄凉^{qī liáng}心境，反映了古代宫中女子的悲惨命运。

经 典 名 句

天阶夜色凉如水，坐看牵牛织女星。

诵 读 指 引

《秋夕》是一首七言绝句，第1、2、4句句尾"屏""萤""星"押韵，诵读时，通过语气、语调和节奏的变化，表现出感情的变化，传达出秋夜美景之外的悲凉之意。

秋夕

银烛/秋光/冷画屏，（"冷"重读，下行语势）
轻罗/小扇/扑流萤。（"扑"重读，上行语势）
天阶/夜色/凉如水，（语速转快，"凉如水"读得重而缓，平行语势）
坐看/牵牛/织女星。（"织女星"缓读，平行语势）

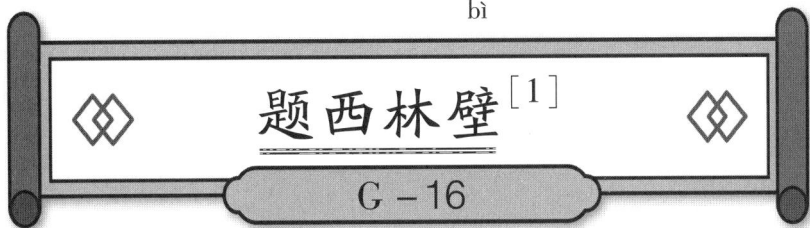

题西林壁[1]
G–16

（宋）苏轼[shì]

横看[2]成岭侧[3]成峰，

远近高低各不同[4]。

不识[5]庐[lú]山真面目[6]，

只缘[yuán][7]身在此山[8]中。

（绘图：2018 级印尼学生　陈玲燕）

◆ 词 语 解 释 ◆

　　[1] 题西林壁：写在西林寺的墙壁上。题：写；西林：西林寺，在今江西庐山。这首诗是写在西林寺里的墙壁上的。
　　[2] 横看：从正面看。庐山主要是南北走向，横看就是从东面和西面看。
　　[3] 侧：侧面。
　　[4] 各不同：各不相同。
　　[5] 不识：不认识、不能辨别。
　　[6] 真面目：庐山真实的景色、真实的样子。
　　[7] 缘：由于、因为。
　　[8] 此山：这座山，指庐山。此：这。

◆ 古 诗 今 译 ◆

　　横看，庐山是一道道连绵起伏的山岭；侧看，则是一座座高峻陡峭的险峰。随着视线的转移，从远、近、高、低各个不同的角度去看，景象都各不相同。我之所以不能认识庐山的真正面目，只因为自己身处在庐山之中。

◆ 作 者 简 介 ◆

苏 轼

字、号：字子瞻（zhān），号东坡居士

籍贯：眉州眉山（今四川眉山）

生卒年：1037—1101

身份：宋代文学家、书法家、画家

获荣誉称号："唐宋八大家"之一；追赠太师，谥号"文忠"

代表作：诗作《赤壁赋》《题西林壁》等；词作《水调歌头·明月几时有》《念奴娇·赤壁怀古》等

（绘图：2018 级老挝学生　玲丽）

作 品 赏 析

　　这是一首哲理诗，写得非常形象。诗歌前两句描述了庐山不同的形态变化。横看山岭连绵不绝，侧看却奇峰突起、高耸入云。从远处和近处、高处和低处不同的方位看，庐山又呈现出不同的山色和气势。后两句写诗人游山之后的感悟：之所以从不同的方位看庐山会有不同的印象，原来是因为自己"身在此山中"。也就是说，想要全面认识庐山的真正面目，只有远离庐山。其实不仅游山如此，我们观察世上事物也是这样。诗歌蕴含着一个人生哲理——由于人们所处的地位不同、看问题的角度不同，对客观事物的认识和理解难免会存在一定的片面性。因此，要全面了解事物、辨别事物的真相，必须超越狭小的范围，摆脱主观成见。

　　诗人把抽象的哲理蕴含在对庐山景色的描绘之中，用通俗的语言表达深奥的哲理，亲切自然，耐人寻味。

经 典 名 句

　　不识庐山真面目，只缘身在此山中。

◆——— 诵 读 指 引 ———◆

　　《题西林壁》是一首哲理诗，第1、2、4句句尾"峰""同""中"押韵，诗歌通过浅白的语言表达真知灼见，最后两句意味深长。诵读时整体语势平缓。

题／西林壁

横看／成岭／侧成峰，（"横""侧"对比重读，平行语势）
远近／高低／各不同。（"各"重读，平行语势）
不识／庐山／真面目，（表探究，上行语势）
只缘／身在／此山中。（"缘""中"重读，"此山中"缓读，平行语势）

秋 思

G-17

（唐）张籍[jí]

洛[luò]阳城里见[jiàn]秋风，

欲[yù]作家书[1]意万重[chóng][2]。

复恐[kǒng][3]匆匆[4]说不尽，

行人[5]临[lín]发[fēng][6]又开封[7]。

（绘图：2018 级老挝学生　宋美珠）

◆◇◆ 词 语 解 释 ◆◇◆

[1] 家书：写给家人的信。一作"归书"。
[2] 意万重：形容思绪万千。意：心思。
[3] 复恐：又恐怕。复：又；恐：恐怕。
[4] 匆匆：匆忙。
[5] 行人：送信的人。
[6] 临发：将要出发。
[7] 开封：拆开已经封好的家信。

◆◇◆ 古 诗 今 译 ◆◇◆

　　秋风吹进洛阳城，吹起了我对家人的思念，于是想写封家书表达心中的万千思绪。信写好了，又担心匆忙之中没有把自己想要说的话写完，当捎信人即将出发时，我又再次打开信封检查。

◆◇◆ 作 者 简 介 ◆◇◆

张 籍

字、号：字文昌，世称"张水部""张司业"

籍贯：郡望苏州吴（今江苏苏州）

生卒年：约766—约830

身份：唐代诗人

获荣誉称号：擅长写乐府诗，与王建齐名，并称"张王乐府"

代表作：《塞下曲》《采莲曲》《征妇怨》《江南曲》《秋思》等

作 品 赏 析

思乡是中国古典诗歌的一个常见主题，写这首诗时张籍正远离家乡，客居在洛阳城。秋天到了，一阵凄清的秋风勾起了他对远方家人的思念之情。离家很久了，心中有无数的话想要向家人诉说，于是自然就想要写封家书托人捎去，可是捎信人临走时，他又担心遗漏了什么，连忙打开来看了又看。

诗歌细节描写非常感人，"临发又开封"五个字把"复恐匆匆说不尽"的心态表现得活灵活现。这首诗写的虽是平常俗事，却含蓄有味，感人至深。

经 典 名 句

复恐匆匆说不尽，行人临发又开封。

诵 读 指 引

《秋思》是一首七言绝句，第1、2、4句句尾"风""重""封"押韵，诵读时通过苦闷的语气和低沉的语调传达出思乡之苦。

秋思
洛阳城里/见秋风，（语速缓，平行语势）
欲作/家书/意万重。（"意万重"缓读，"重"重读，平行语势）
复恐/匆匆/说不尽，（担心的口气，上行语势）
行人/临发/又开封。（"开封"读得低缓，"封"重读，平行语势）

fù

◇◇ 赋得[1] 古原草送别 ◇◇

G－18

（唐）白居易

离离[2]原上草，一岁[3]一枯[kū]荣[4]。

野火烧不尽，春风吹[yě]又生。

远芳[5]侵[qīn]古道[6]，晴翠[7]接荒[huāng]城。

又送王孙[8]去，萋萋[qī][9]满别情。

（绘图：2018 级泰国学生　王玲玲）

◆◇◆ 词 语 解 释 ◆◇◆

[1] 赋得：根据指定的题目写诗。这种诗一般都会在诗题前加上"赋得"二字。这是古

人学习写诗、文人聚会分题写诗或科举考试时命题写诗的一种方式，称为"赋得体"。

[2] 离离：形容青草茂盛的样子。

[3] 一岁：一年。

[4] 枯荣：指草木的盛衰。枯：枯萎；荣：茂盛。

[5] 远芳：绵延向远方的春草。芳：春草的香气。

[6] 侵古道：远处芬芳的野草一直长到了古老的驿道上。侵：侵占，这里是长满的意思。

[7] 晴翠：草原上阳光照耀下明艳的翠绿。

[8] 王孙：本指贵族后代，这里是指远方的友人。

[9] 萋萋：形容草木茂盛的样子。

古 诗 今 译

原野上那茂盛的野草，每年枯萎之后又重新生长。熊熊野火无法将它们烧尽，春风吹来，大地又是一片绿色。远处芬芳的野草遮没了古老的道路，阳光照耀下一片碧绿连接着远处的荒城。又要送别朋友去远游，繁茂的草儿似乎满怀离别之情。

作 者 简 介

白居易

字、号：字乐天，号香山居士，

又号醉吟先生

籍贯：山西太原

生卒年：772—846

身份：唐代现实主义诗人、翰林学士

获荣誉称号："诗王""诗魔"

代表作：《长恨歌》《琵琶行》《卖炭翁》等

◆◇◈ 作 品 赏 析 ◈◇◆

　　相传这是白居易十六岁时的应考习作，也是他的成名作。这是一首送别诗，通过对古原上野草的描绘，抒发对友人的惜别深情。

　　诗歌一共八句，其中有七句是在写草，诗人其实是借草取喻，用草木的茂盛表现友人之间依依惜别的绵绵情谊。情深意切，比喻非常巧妙。尤其是"野火烧不尽，春风吹又生"这两句，不管烈火怎样焚烧，只要春天一到，小草便又重新发芽生长起来。小草这种生长不息的旺盛生机、顽强不屈的生命力，反映了诗人对生活的乐观态度和对友人的惜别深情，情调昂扬，使人读了倍感胸怀开朗，乐观向上，不像一般送别诗那样令人伤感。

◆◇◈ 经 典 名 句 ◈◇◆

　　野火烧不尽，春风吹又生。

◆◇◈ 诵 读 指 引 ◈◇◆

　　这是一首五言律诗，也是一首送别诗，诵读时气沉声缓，传达出对友人的惜别深情。

赋得／古原草／送别

　　离离／原上草，一岁／一枯荣。（"离离"缓读，"枯荣"重读，下行语势）

　　野火／烧不尽，春风／吹又生。（上句语速转快，上行语势；下句语速转慢，"吹又生"读得缓而平）

　　远芳／侵古道，晴翠／接荒城。（语速转快，"远芳""晴翠"读得高而清亮，"古道""荒城"读得低沉，平行语势）

　　又送／王孙去，萋萋／满别情。（上句上行语势；下句读得缓而深沉；"满别情"读得重而缓，饱含深情，平行语势）

远和近

G-19

gù chéng
顾 城

你，

一会看我，

yún
一会看云。

我觉得，

你看我时很远，

你看云时很近。

（绘图：2018 级印尼学生　陈玲燕）

◆━━━━ 作 者 简 介 ━━━━◆

顾 城

籍贯：北京

生卒年：1956—1993

身份：中国当代作家、诗人

获荣誉称号：“童话诗人”；当代“唯灵浪漫主义”诗人

代表作：诗集《顾城诗全编》等

◆━━━━ 作 品 赏 析 ━━━━◆

　　这是一首非常 抽 象 的诗，它的美就隐含在抽象的线条之中。你东张西望，“一会看我”
“一会看云”；而我却一直看着你。在我的感觉中，“你看我时”，我不知道你在想什么，你好
像和我相距“很远”；“你看云时”，好像和我离得“很近”，这是一种错觉。我觉得，看云时
的那个你，才是真正的你、本来面目的你，显得很亲近；而看我时的那个你，让我看不懂，
显得很陌生、很遥远。

◆━━━━ 经 典 名 句 ━━━━◆

　　你看我时很远，你看云时很近。

诵 读 指 引

《远和近》是一首抽象诗，表达的是诗人在错觉中悟出了一种被扭曲的关系：人与自然亲近，人与人却疏远防备。诵读时，语气舒缓、节奏轻快，整首诗诵读建议处理如下：

远和近

你，（"你"声音延长）

一会/看我，（"我"重读）

一会/看云。（"云"重读，语气舒缓，平行语势）

我觉得，（延长停顿）

你看我时/很远，（"远"读得重而缓，上行语势）

你看云时/很近。（"近"重读，平行语势）

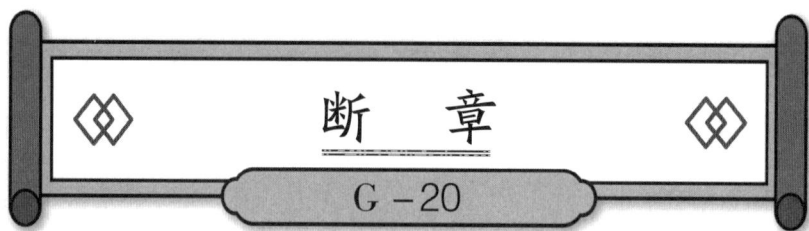

断 章

G-20

biàn
卞之琳

qiáo　　　　　　jǐng
你站在桥[1]上看风景[2]，

看风景的人在楼上看你。

zhuāng shì
明月[3]装 饰[4]了你的窗子[5]，

mèng
你装饰了别人的 梦。

（绘图：2018 级印尼学生　陈玲燕）

词 语 解 释

[1] 桥：架在水上或空中便于通行的建筑物。
jià   *jiànzhù*

[2] 风景：一定地域内由山水、花草、树木、建筑物以及某些自然现象（如雨、雪）形成的可供人观赏的景象，如风景区、景点。

[3] 明月：明亮的月亮。

[4] 装饰：在身体或物体的表面加些东西，使之美观。

[5] 窗子：窗户。

作 者 简 介

卞之琳

籍贯：江苏海门

生卒年：1910—2000

身份：中国现当代诗人、文学评论家、翻译家

获荣誉称号：新月派和现代派的代表诗人

代表作：《三秋草》《鱼目集》《十年诗草（1930—1939）》等

（绘图：2018 级老挝学生　宋美珠）

◆◆◆ 作 品 赏 析 ◆◆◆

　　《断章》于 1935 年发表。全诗仅四行，写了两组意象：一是你在桥上看风景，而别人却把你当作风景的一部分来观赏；二是月光装饰了你的窗户，你也许正进入别人的梦乡，装饰了别人的梦。作品表达的是一种哲理性思考，即宇宙万物是相互关联的。

◆◆◆ 经 典 名 句 ◆◆◆

　　明月装饰了你的窗子，你装饰了别人的梦。

◆◆◆ 诵 读 指 引 ◆◆◆

　　《断章》是一首富于哲理的现代诗，即宇宙万物都有联系。诵读时语气舒缓，节奏缓慢，整首诗诵读建议处理如下：

断章

你/站在桥上/看风景，（"你"声音延长，语气舒缓，平行语势）
看风景的人/在楼上/看你。（语气舒缓，下行语势）
明月/装饰了/你的窗子，（"装饰"重读，上行语势）
你/装饰了/别人的梦。（语速缓慢，"别人的梦"缓读，平行语势）

提高篇

游山西村

T-1

（宋）陆游

（绘图：2017 级蒙古学生　温佳丽）

莫笑农家腊酒[1]浑[2]，
丰年留客足鸡豚[3]。
山重水复[4]疑无路，
柳暗花明[5]又一村。

萧[6] 鼓[zhuī] 追随春社[7] 近，

衣冠[8][guān] 简朴古风[9] 存。

从今若许[10] 闲[11] 乘月[12]，

拄杖[zhǔ] 无时[13] 夜叩门[kòu][14]。

词语解释

[1] 腊酒：腊月里酿造的酒。腊：腊月，就是农历十二月。

[2] 浑：浑浊。

[3] 足鸡豚：准备了丰盛的菜肴。足：足够、丰盛；豚：小猪，这里代指猪肉。

[4] 山重水复：一座座山重重叠叠，一道道水盘旋曲折。

[5] 柳暗花明：柳树深绿，花朵红艳。

[6] 萧鼓：吹箫打鼓。箫：一种乐器。

[7] 春社：汉族一种古老的传统民俗节日。春社日在立春后的第五个戊日，为了祈求丰收，这一天人们要拜祭土地神和五谷神。

[8] 衣冠：衣服和帽子。冠：帽子。

[9] 古风：古代风俗。

[10] 若许：如果这样。

[11] 闲：空闲。

[12] 乘月：趁着月光前来。

[13] 无时：随时，没有一定的时间。

[14] 叩门：敲门。

古诗今译

不要笑农民家中腊月里酿的酒浑浊不清，在丰收的年景，农家待客有鸡有肉，菜肴非常丰盛。一座座山重重叠叠，一道道水盘旋曲折，我正担心无路可走，忽然柳绿花红间又出现一个村庄。在人们的吹箫打鼓中，春社日已经接近，人们穿布衣、戴素帽，依旧保留着淳朴的古代风俗。今后如果我还能趁着大好月色外出闲游，一定拄着拐杖随时来敲你的家门。

◆◆◆◆ 作 者 简 介 ◆◆◆◆

陆　游

字、号：字务观，号放翁

籍贯：越州山阴（今浙江绍兴）

生卒年：1125—1210

身份：宋代诗人

获荣誉称号：宋代爱国诗人

代表作：诗作《示儿》《关山月》等；词作《钗头凤·红酥手》等；

《剑南诗稿》等

◆◆◆◆ 作 品 赏 析 ◆◆◆◆

　　这是陆游的名作，是一首纪游抒情诗。诗歌先写诗人出游到农家，接着分别描写村庄外的景象和村庄里的场景，最后抒发想要常来夜游的愿望。情景相融，既展现了山西村庄山水
tuán jǐn cù
环绕、花团锦簇、春光无限的美好景象，又表现了人生变化发展的某种规律性，富于哲理，令人回味无穷。

　　其中"山重水复疑无路，柳暗花明又一村"是流传千古的名句，描述了山水环绕的迷路感觉与诗人移步换形又见到新景象的喜悦之情，向读者传达了一个生活哲理：不论前行的路
xìn niàn　　　kāi tuò
多么难走，只要坚定信念，勇于开拓，人生就会出现一个充满光明和希望的新境界。
jìng jiè

◆◆◆◆ 经 典 名 句 ◆◆◆◆

　　山重水复疑无路，柳暗花明又一村。

诵 读 指 引

　　这是一首七言律诗，第 2、4、6、8 句句尾"豚""村""存""门"押韵，诵读时通过欢愉的语气传达出对古朴的农家风俗的喜爱之情。

游/山西村

莫笑/农家/腊酒浑，（"莫笑"读得轻快，平行语势）

丰年/留客/足鸡豚。（"足鸡豚"读得缓而高，上行语势）

山重水复/疑无路，（"山重水复"缓读，"疑"重读，上行语势）

柳暗花明/又一村。（"柳暗花明"读得快而高，"又"重读，平行语势）

箫鼓追随/春社近，（语速转快，平行语势）

衣冠简朴/古风存。（"古风存"缓读）

从今若许/闲乘月，（上行语势）

拄杖无时/夜叩门。（"夜叩门"读得缓而延长，平行语势）

送杜少府[1]之[2]任蜀州[3]

T-2

（唐）王勃（bó）

城阙[4]（què）辅[5]（fǔ）三秦[6]，风烟望五津[7]（jīn）。

与君离别意，同是宦游[8]（huàn）人。

海内[9]存知己，天涯[10]若比邻[11]。

无为[12]在歧路[13]（qí），儿女共沾巾[14]（zhān）。

（绘图：2018级泰国学生　王玲玲）

词 语 解 释

[1] 少府：古代官名。

[2] 之：到、往。

[3] 蜀州：现在的四川崇州。

[4] 城阙：城楼，这里指唐代的首都长安（今西安）。
　　　　què

[5] 辅：护卫、保护。

[6] 三秦：指长安附近的关中之地，即今天陕西省潼关以西一带。秦朝末年时，项羽破秦，把关中分为三个地区，分别封给了秦国的三个降将，所以称为三秦。

[7] 五津：指四川岷江的五个渡口：白华津、万里津、江首津、涉头津、江南津。这里泛指杜少府将要前往的蜀州。

[8] 宦游：外出做官。

[9] 海内：四海之内，即全国各地。古人认为中国疆土四周环海，所以把天下称为四海之内。

[10] 天涯：天边，比喻极远的地方。

[11] 比邻：近邻。

[12] 无为：无须、不必。

[13] 歧路：岔路。古人送行时通常在大路的分岔之处告别。
　　　　chà

[14] 沾巾：泪水沾湿衣服和腰带。这里是挥泪告别的意思。

古 诗 今 译

　　在被古代三秦之地护卫着的长安城里，透过那层层风烟遥望千里之外的蜀州。与你离别，心中怀着无限情意，你我同样背井离乡在宦海中浮沉。四海之内只要有你这位知己，即使远在天边，也像是近在比邻。我们绝不要在岔路口分手之时像少年男女那样泪落沾衣。

作 者 简 介

王 勃

字、号：字子安

籍贯：绛州龙门（今山西河津）

生卒年：约650—676

身份：唐代诗人

获荣誉称号："初唐四杰"之一

代表作：诗作《送杜少府之任蜀州》；骈文《滕王阁序》

作 品 赏 析

在唐代，朋友远行，写诗送别是文人的一种习俗。这首诗是王勃为他的一位朋友写的送别诗，王勃当时在长安，他的朋友杜少府即将前往四川去做官，于是他写下了这首著名的送别诗。

诗歌首联气势雄伟，"城阙辅三秦，风烟望五津"，写诗人站在三秦护卫下的长安城中，遥望千里之外的蜀地，不仅点明了送别之地及朋友即将前往之地，同时暗喻了惜别的情意。
^{àn yù}

颔联 ^{hànlián} "与君离别意，同是宦游人"显得非常凄凉，同为背井离乡漂泊在外的求官人，彼此离别的情绪可想而知。而接下来颈联"海内存知己，天涯若比邻"的境界变得宏大起来，情调从凄恻转为豪迈。^{qī cè háomài}尽管知己即将远离，但只要同在四海之内，哪怕是去到天涯海角也如同近邻一样。尾联"无为在歧路，儿女共沾巾"既是对朋友的叮咛，也是自己情怀的吐露，在这即将分手的岔路口，你我绝不要像那小儿女一般挥泪告别啊。

以往常见的送别诗多抒发悲哀的离情别绪，而这首诗却立意高远，劝告朋友不要在离别^{bēi āi}之时感到悲哀，一扫以往送别诗中常见的悲苦缠绵情调，体现出诗人高远的志向、豁达的^{chánmián huò dá}情趣和旷达的胸怀。

经 典 名 句

海内存知己，天涯若比邻。

诵 读 指 引

这是一首五言律诗，第2、6、8句句尾"津""邻""巾"这几个字押韵，诵读时通过低缓的语气、语调传达出诗人高远的志向和旷达的胸怀。

送/杜少府/之任蜀州

城阙/辅三秦，风烟/望五津。（"城阙""风烟"读得低而缓，"辅""望"重读，下行语势）

与君/离别意，同是/宦游人。（上句上行语势，下句平行语势）

海内/存知己，天涯/若比邻。（"海内""天涯"缓读，上句上行语势，下句平行语势）

无为/在歧路，儿女/共沾巾。（"共"重读，上句上行语势，下句平行语势）

jū
诗经·关雎

T-3

（绘图：2018 级印尼学生　陈玲燕）

jiū
关关[1] 雎鸠[2]，在河之洲[3]。

yǎo tiǎo shū　　　　hǎo qiú
窈窕淑女[4]，君子好逑[5]。

cēn cī　xìng
参差[6] 荇菜[7]，左右流之[8]。

wù mèi
窈窕淑女，寤寐[9] 求之。

求之不得，寤寐思服[10]。

zhǎn
悠哉悠哉[11]，辗转反侧[12]。

参差荇菜，左右采之。

窈 窕 淑 女 ， 琴 瑟 友 之 。

参 差 荇 菜 ， 左 右 芼 [13] 之 。

窈 窕 淑 女 ， 钟 鼓 乐 之 。

词 语 解 释

[1] 关关：拟声词，这里指雌雄二鸟相互应和的叫声。
[2] 雎鸠：一种水鸟名。
[3] 洲：水中的陆地。
[4] 窈窕淑女：贤良美好的女子。
[5] 好逑：好的配偶。
[6] 参差：长短不齐的样子。
[7] 荇菜：一种生在水中的植物。
[8] 左右流之：向左、向右摘取荇菜。
[9] 寤寐：这里指整日整夜。
[10] 思服：思念。
[11] 悠哉悠哉：这里指一直思念。
[12] 辗转反侧：翻来覆去地睡不着。
[13] 芼：挑选。

古 诗 今 译

　　在河中的小洲上，雎鸠发出关关和鸣。贤良美好的女子，是君子好的配偶。参差不齐的荇菜，我向左、向右地摘取它们。贤良美好的女子，我日思夜想追求她。求之不得，于是我日夜思念她。这种思念之情，让我翻来覆去难以入睡。参差不齐的荇菜，我向左、向右地采摘它们。贤良美好的女子，我弹琴鼓瑟来亲近她。参差不齐的荇菜，我向左、向右地挑选它们。贤良美好的女子，我敲起钟鼓来让她快乐。

◆◇ 作 品 赏 析 ◇◆

　　《诗经》是中国最早的一部诗歌总集，收录了从西周初年到春秋中叶的三百多首古诗。《诗经》在内容上分为风、雅、颂三部分，其中风是指周代各地民间歌谣。《诗经》内容丰富，反映了当时人们的生活现实。在写作上，使用了赋、比、兴三种手法。
　　《关雎》出自《诗经·国风·周南》。诗句优美，抒发了男女相爱的美好感情。诗歌写青年男子爱上了一位"窈窕淑女"，内心难以平静，日夜思念，并希望通过琴瑟、钟鼓来亲近和取悦女子。这首诗刻画爱慕心理，自然大方，描述了所有陷入爱河的人都会经历的美好情感。

◆◇ 经 典 名 句 ◇◆

　　关关雎鸠，在河之洲。
　　窈窕淑女，君子好逑。

◆◇ 诵 读 指 引 ◇◆

　　《诗经·关雎》是抒写美好爱情的古诗，诵读时整体节奏较慢，通过爱慕的语气，表现出青年男子陷入爱河的心理过程。

诗经·关雎

关关/雎鸠，在河/之洲。（"关关"重读且读得高而缓，平行语势）
窈窕/淑女，君子/好逑。（"窈窕"重读，美好愿望，"君子好逑"缓读，上行语势）
参差/荇菜，左右/流之。（"流"重读，且声音延长）
窈窕/淑女，寤寐/求之。（"寤寐"重读且读得高而缓，体现积极追求之心，上行语势）
求之/不得，寤寐/思服。（声低气缓，体现思念之情）
悠哉/悠哉，辗转/反侧。（读得缓而低，体现相思之苦，"辗转"重读，下行语势）
参差/荇菜，左右/采之。（"采"重读）
窈窕/淑女，琴瑟/友之。（表达取悦之意，"琴瑟"读得缓而高，"友"重读，上行语势）
参差/荇菜，左右/芼之。（"芼"重读）
窈窕/淑女，钟鼓/乐之。（表达取悦之意，"钟鼓"读得缓而高，"乐"重读，上行语势）

诗经·采葛^[1]

gě

T-4

彼采葛兮，一日不见，如三月兮。

彼采萧^[2]兮，一日不见，如三秋^[3]兮。

彼采艾^[4]兮，一日不见，如三岁^[5]兮。

（绘图：2018 级印尼学生　陈玲燕）

词语解释

[1] 葛：葛藤，一种植物。
[2] 萧：蒿，一种植物。
[3] 三秋：三个季度。
[4] 艾：艾草，一种植物。
[5] 岁：年。

◆◆◆ 古 诗 今 译 ◆◆◆

那个采葛的女孩啊，一日没有见到她，好像隔了三个月啊！那个采蒿的女孩啊，一日没有见到她，好像隔了三季啊！那个采艾的女孩啊，一日没有见到她，好像隔了三年啊！

◆◆◆ 作 品 赏 析 ◆◆◆

《诗经·采葛》出自《诗经·国风·王风》。这首诗抒发了相思的情绪。古代女子采葛、采蒿、采艾，都是在劳动，而男子则爱上了对方。因为有相思之情，所以让男子觉得一天像三个月、三个季度，甚至三年那么长，迫切地想要见到对方。这是一种夸张的写作手法，让诗歌的抒情格外生动。

"一日不见，如隔三秋"就是从这首诗引申而来的，现常用来形容对恋人的无比思念之情。

◆◆◆ 经 典 名 句 ◆◆◆

一日不见，如三秋兮。

◆◆◆ 诵 读 指 引 ◆◆◆

《诗经·采葛》是抒发爱慕之情的诗歌，朗诵时用思念的语气，表达浓浓的相思之情。

诗经·采葛
彼/采葛兮，一日/不见，如/三月兮。（"月"重读，"兮"音拖长）
彼/采萧兮，一日/不见，如/三秋兮。（"秋"重读，语气渐强，"兮"音拖长）
彼/采艾兮，一日/不见，如/三岁兮。（"岁"重读，语气加强，"兮"音拖长）

《论语》选读一

T-5

(绘图：2018级马来西亚学生　林学瑾)

fán
樊迟[1]问仁。子曰："爱人。"(《论语·颜渊》12.22)

zhòng　　　　　　　　　　　　　　　　　　　　　　　　　　　　jì
仲弓[2]问仁，子曰："出门如见大宾[3]，使民如承大祭[4]。己
所不欲，勿施于人。在邦[5]无怨，在家无怨。"仲弓曰："雍虽不
敏[6]，请事[7]斯语矣。"(《论语·颜渊》12.2)

bó　　　　　　　　jì
子贡曰："如有博施于民，而能济众，何如？可谓仁乎？"子曰：

133

"何事于仁，必也圣乎！尧舜^{yáoshùn}其犹病诸[8]！夫仁者，己欲立而立人，己欲达而达人。能近取譬^{pì}[9]，可谓仁之方也已。"（《论语·雍也》6. 30）

词 语 解 释

［1］樊迟：孔子的弟子。
［2］仲弓：孔子的弟子。
［3］大宾：贵宾。
［4］大祭：重大的祭祀活动。
［5］邦：诸侯国。
［6］敏：有智慧、聪明、敏捷。
［7］事：做；事情，本文为此意。
［8］病诸：病：担忧；诸："之于"的合音。
［9］近取譬：推己及人。

古 文 今 译

樊迟问什么是仁。孔子说："爱人。"

仲弓问什么是仁。孔子说："出门办事好像去接待贵宾，使唤百姓好像去进行重大的祭祀，（都要严肃认真。）自己不想要的，就不要强加在别人身上；在诸侯的朝廷上不怨恨，在卿大夫的封地上也不怨恨。"仲弓说："我虽然不聪明，但要照您的话去做。"

子贡说："如果一个人能给老百姓很多好处又能帮助大众，那么他怎么样？可以说（他）是仁德的吗？"孔子说："他何止是仁德，简直是圣德了！尧、舜也难以做到。仁是什么呢？就是要想自己站得住，也要帮助别人站得住；要想自己的事情行得通，也要帮别人做事行得通。凡事能用自己作比，进而推己及人，可以说是实践仁的方法了。"

作 品 赏 析

《论语》把孔子及其弟子的言行一条条地记录下来，总共20篇，每篇都根据第一条的内容起名，每篇内部又按照先后顺序标明各条语录的次序。如上面"樊迟问仁"这一条，可以标记为"《论语·颜渊》12. 22"，意思是这一条是《论语》第12篇中的第22条，而这一篇的篇名是"颜渊"。

孔子的思想核心是"仁",就是人们互相关爱。关于与人交往,孔子提出了两条重要原则,一是"己所不欲,勿施于人",自己不想要的,就不要勉强他人;二是"己欲立而立人,己欲达而达人",要尽量地为他人着想,在自己想要做事情的同时,也要兼顾他人。这两种态度都是"仁"的表现。

经典名句

己所不欲,勿施于人。
己欲立而立人,己欲达而达人。

诵读指引

诵读《论语》时,整体节奏舒缓,注意根据文意恰当处理停顿、重读和语调。《论语》的句子非常经典,要求准确熟读。如果诵读时有错漏字词,或者有不当的停顿,则应当重新诵读。

《论语》选读一

樊迟/问仁。子曰:"爱/人。"(《论语·颜渊》12.22)

仲弓/问仁,子曰:"出门/如见/大宾,使民/如承/大祭。己所/不欲,勿/施于人。在邦/无怨,在家/无怨。"仲弓曰:"雍/虽不敏,请事/斯语矣。"(《论语·颜渊》12.2)

子贡曰:"如有/博施于民,而能/济众,何如?(疑问语气,语调上升)可谓/仁乎?"(疑问语气,语调上升)子曰:"何事于/仁,必也/圣乎!尧舜/其犹病诸!夫仁者,己欲立/而立人,己欲达/而达人。能近取譬,可谓/仁之方也已。"(《论语·雍也》6.30)

《论语》选读二

T-6

（绘图：2018 级马来西亚学生　林学瑾）

有子[1]曰："其为人也孝弟，而好犯上者，鲜[2]矣。不好犯上[3]，而好作乱者，未之有也。君子务本[4]，本立而道生。孝弟也者，其为仁之本与！"（《论语·学而》1.2）

孟武伯[5]问孝。子曰："父母唯其疾之忧[6]。"（《论语·为政》2.6）

子夏^[7]问孝。子曰:"色难^[8]! 有事,弟子服其劳;有酒食,先

生^[9]馔^{zhuàn}。曾^[10]^{zēng}是以为孝乎?"(《论语·为政》2.8)

子曰:"父母之年,不可不知也。一则以喜,一则以惧。"(《论语·里仁》4.21)

词 语 解 释

[1] 有子:孔子的弟子。
[2] 鲜:少。
[3] 犯上:冒犯上级。
[4] 务本:专心于根本。
[5] 孟武伯:鲁国的一位贵族。
[6] 父母唯其疾之忧:其:代词。如果"其"指代父母,意思就是对待父母,要特别为他们的疾病担忧;如果"其"指代孝子,意思就是父母只是为孝子的疾病发愁。这里两种意思都可以。
[7] 子夏:孔子的弟子。
[8] 色难:孝子侍奉父母,以做到和颜悦色为难。
[9] 先生:父母或长辈。
[10] 曾:竟然。

古 文 今 译

有子说:"一个人能孝顺父母,敬爱兄长,却喜欢冒犯上级,这种人是很少的;不喜欢冒犯上级,却喜欢造反,这种人从来没有过。君子专心于根本,有了根本就会产生'道'。孝顺父母、敬爱兄长,这就是'仁'的根本吧。"

孟武伯问什么是孝,孔子说:"父母只为孩子生病担忧,(而不担忧别的)。"

子夏问什么是孝,孔子说:"侍奉父母,经常保持和颜悦色最难。遇到事情,由年轻人去做;有好吃好喝的,让老年人享受。难道这样就是孝吗?"

孔子说:"(我们)一定要记得父母的年龄,一方面因为父母长寿而感到高兴,一方面又为父母年迈而感到担忧。"

◆◆◇◈ 作 品 赏 析 ◈◇◆◆

　　"孝"是儒家文化的核心思想，是"仁"的基础。对父母讲究孝道，对兄弟友爱，才能培养一个人的道德修养。所以，有子会说"孝"是道德的根本，君子要从"孝"开始。

　　具体到孝道，孔子曾经多次论述过。比如，在本文第二条（《论语·为政》2.6）中，孔子认为孝道就是不要让父母为子女的身体疾病而担惊受怕；在第三条（《论语·为政》2.8）中又说，孝道还表现在要和颜悦色地侍奉父母；在第四条（《论语·里仁》4.21）中又说，子女要时刻关注父母的身体状况。这些不同方面的论述，显示出传统儒家文化中"孝"的表现是非常具体的，是和日常生活相关的，即使在今天也是非常有道理的。

◆◆◇◈ 经 典 名 句 ◈◇◆◆

　　君子务本，本立而道生。

◆◆◇◈ 诵 读 指 引 ◈◇◆◆

　　诵读《论语》时，整体节奏舒缓，注意根据文意恰当处理停顿、重读和语调。

　　《论语》的句子非常经典，要求准确熟读。如果诵读时有错漏字词，或者有不当的停顿，则应当重新诵读。

《论语》选读二

　　有子曰："其为人也/孝弟，而好/犯上者，鲜矣。不好/犯上，而好/作乱者，未之有也。君子/务本，本立/而道生。孝弟也者，其/为仁/之本与！"（《论语·学而》1.2）

　　孟武伯/问孝。子曰："父母/唯其/疾之忧。"（《论语·为政》2.6）

　　子夏/问孝。子曰："色/难！有事，弟子/服其劳；有酒食，先生/馔。曾/是以为/孝乎？"（反问语气，语调上扬）（《论语·为政》2.8）

　　子曰："父母/之年，不可/不知也。一则/以喜，一则/以惧。"（《论语·里仁》4.21）

◇◇ 水调歌头·明月几时有 ◇◇

T-7

（宋）苏轼

（绘图：2018级印尼学生　陈玲燕）

丙辰[1]中秋，欢饮达旦[2]，大醉，作此篇，兼怀子由[3]。

明月几时有，把酒问青天。不知天上宫阙，今夕是何年。我欲乘

风归去，又恐琼(qióng)楼玉宇，高处不胜(shēng)[4]寒。起舞弄[5]清影，何似在

人间。

转朱阁，低绮^{qǐ}户^[6]，照无眠。不应有恨，何事长向别时圆？人有悲欢离合，月有阴晴圆缺，此事古难全。但^[7]愿人长久，千里共婵^{chán}娟^{juān}^[8]。

◆◇◆ 词 语 解 释 ◆◇◆

[1] 丙辰：指公元 1076 年（宋神宗熙宁九年）。
[2] 达旦：到天亮。
[3] 子由：苏轼的弟弟苏辙。
[4] 不胜：经受不住。
[5] 弄：赏玩。
[6] 绮户：雕花的窗户。
[7] 但：只。
[8] 婵娟：月亮。

◆◇◆ 古 词 今 译 ◆◇◆

丙辰年中秋节，开心喝酒到天亮，大醉，写下这首词，同时也思念我的弟弟苏辙。

明月从什么时候开始有的呢？我举起酒杯问天。不知道天上的宫阙，今晚是哪一年呢？我想借着秋风飞到天上去看一下，但是又担心美玉砌成的楼宇太高，自己经受不住寒冷。我起身在月下跳舞，看着自己的影子，天上哪里比得上在人间呢？

月亮转过朱红色的楼阁，低挂在雕花的窗户上，照得屋里的人难以入睡。明月不应该对人们有什么遗憾吧，可又为什么总是在人们离别之时才圆呢？人有悲欢离合，月有阴晴圆缺，自古以来就很难让人满意。只愿亲人们能够平安长久，这样的话，即使相隔千里，我们也能一起看到天上的明月。

作　者　简　介

苏　轼

字、号：字子瞻，号东坡居士

籍贯：眉州眉山（今四川眉山）

生卒年：1037—1101

身份：宋代文学家、书法家、画家

获荣誉称号："唐宋八大家"之一；追赠太师，谥号"文忠"

代表作：诗作《赤壁赋》《题西林壁》等；词作《水调歌头·明月几时有》《念奴娇·赤壁怀古》等

作　品　赏　析

　　《水调歌头·明月几时有》是一首豪放词。"水调歌头"是词牌名。苏轼写这首词时，先写一个小序。八月十五中秋节的时候，他喝醉了酒，写了这首词，也用这首词来思念在另一个地方的弟弟苏辙。

　　节日一般都要与家人团聚，但是写这首词的时候，苏轼兄弟却没有办法团聚。因此，整首词其实是围绕这个主题来写的。词的上阕，写词人在明月之下饮酒，进而想要去月亮的仙境，但是最后又觉得清冷，还是留在人间好；词的下阕，写随着月光的流转，词人难以入眠，想到人间的悲欢离合和月亮的阴晴圆缺一样，都是不可避免的。词人最后期待只要亲人都健康，即使分离各处，也都能看到天上同一轮明月。

经　典　名　句

　　人有悲欢离合，月有阴晴圆缺，此事古难全。但愿人长久，千里共婵娟。

◆━━◈ 诵 ◈ 读 ◈ 指 ◈ 引 ◈━━◆

　　词人在中秋佳节思念弟弟，喝得大醉，诵读时通过丰富的语气、语调变化，传达出美好的想象和豁达的情怀。

水调歌头·明月几时有

　　丙辰/中秋，欢饮/达旦，大醉，作此篇，兼怀/子由。（陈述语气）

　　明月/几时有，把酒/问青天。（疑问语气，上行语势）不知/天上宫阙，今夕/是何年。（深思，疑问语气，上行语势）我欲/乘风归去，又恐/琼楼玉宇，高处/不胜寒。（矛盾心理，"恐"重读，语势先上扬，再下降）起舞/弄清影，何似/在人间。（上行语势）

　　转/朱阁，低/绮户，照/无眠。（读出月亮的变化，"转""低""照"重读，语速稍快，下行语势）不应/有恨，何事/长向/别时圆？（埋怨语气，疑问语气，上行语势）人有/悲欢离合，月有/阴晴圆缺，此事/古难全。（感叹，"古难全"重读，下行语势）但愿/人长久，千里/共婵娟。（畅达语气，"人长久"重读，"共婵娟"重读且缓读，上行语势）

面朝大海，春暖花开[1]

T-8

海子

从明天起，做一个幸福的人

喂[2]马，劈柴[3]，周游[4]世界

从明天起，关心粮食和蔬菜

我有一所房子，面朝大海，春暖花开

从明天起，和每一个亲人通信[5]

告诉他们我的幸福

那幸福的闪电[6]告诉我的

我将告诉每一个人

给每一条河每一座山取一个温暖的名字

陌生人，我也为你祝福

愿你有一个灿烂[7]的前程

愿你有情人终成眷属[8]

愿你在尘世[9]获得幸福

我只愿面朝大海，春暖花开

（绘图：2017 级泰国学生　潘阳杰）

词语解释

[1] 春暖花开：春天气候温暖，百花盛开，风景优美。

[2] 喂：给动物东西吃；把食物送到人嘴里。

[3] 劈柴：用斧头等由 纵 面劈开木材。
　　　　　　fǔ　　zòng

[4] 周游：到各地旅游；游遍。如，周游世界。

[5] 通信：用书信互通消息、反映情况等。

[6] 闪电：大气放电时产生的强烈闪光现象。作者在诗里用"闪电"表现了这是一 瞬
间的感受，是不确定和不持久的。
jiān

[7] 灿烂：形容光彩鲜明，十分耀眼。
　　　　　　　　　yàoyǎn

[8] 眷属：家属、亲属；夫妻。"有情人终成眷属"意思是希望世界上两情相悦的情侣
都能够在一起。

[9] 尘世：人间、现实世界。

◆◇ 作 者 简 介 ◇◆

海子（原名查^{zhā}海生）

籍贯：安徽怀宁

生卒年：1964—1989

身份：中国当代青年诗人

获荣誉称号："人民文学奖诗歌奖"

代表作：诗作《亚洲铜》《麦地》《以梦为马》《黑夜的献诗——献
　　　给黑夜的女儿》等

◆◇ 作 品 赏 析 ◇◆

　　这是海子于1989年写的一首抒情诗。诗人将直接抒情与暗示、象征手法结合起来，使全诗既明朗又含蓄，抒发了诗人向往幸福而又孤独凄凉的感情。

　　全诗共三节。第一节，诗人描绘了一幅极为普通平凡、自由温暖的尘世生活的图景，这是可以让人达到"做一个幸福的人"的理想图景，但是这一切都将"从明天起"，暗示今天仍然孤独，仍然不幸福。诗人在诗歌中描绘的这所房子令人陶醉，它装满幸福，朝向广阔的大海，而且被包围在充满温暖和希望的春天里，到处开满了鲜花，梦幻般美丽、和谐，是一种令人向往的幸福生活。也可以说这是诗人所梦想的一种明丽的幸福感受，并不真实存在。

　　第二节，诗人找到幸福后非常喜悦，要把这种幸福告诉"每一个亲人""每一个人"，希望能把祝福与问候的温暖传递给每一个人。他并不希望永远沉默，他也希望能够和人们进行精神上的沟通，这是诗人向外部世界敞开的刹那，想去拥抱外面的人和世界。

　　第三节，诗人给予人们最世俗也是最真诚的三个祝福，但是自己却"只愿面朝大海，春暖花开"，只愿一个人留在尘世之外的理想之中。

　　总的来说，海子对幸福的理解是复杂的，他的思想与内心是极为矛盾的，一方面，现实生活的贫困、不如意让他非常渴望亲情、友情、爱情，渴望打开封闭^{fēng bì}而孤独的世界，融入^{róng}世俗；另一方面，他又不肯放弃对于诗歌世界、纯粹的精神世界的追求，这就使得他拒绝进入世俗。最后，他选择了"面朝大海，春暖花开"的理想中的幸福生活。

经典名句

我有一所房子，面朝大海，春暖花开。

诵读指引

这是一首抒情诗，抒发了诗人对幸福的憧憬和向往。诵读时整体节奏舒缓、语调明快，通过恰当的停连、重读、语气和语势的变化，表达出对美好生活的向往之情。诵读建议如下：

面朝大海，春暖花开

从/明天起，做一个/幸福的人（"幸福"重读）

喂马，劈柴，周游/世界（语调轻快）

从/明天起，关心/粮食/和蔬菜

我有一所房子，面朝大海，春暖/花开（"春暖花开"声音延长）

从明天起，和每一个亲人/通信

告诉他们/我的幸福（"我"重读）

那幸福的闪电/告诉我的（语速加快）

我将告诉/每一个人（"告诉"后延长停顿）

给每一条河/每一座山/取一个/温暖的名字（"温暖"重读）

陌生人，我也为你/祝福

愿你有一个/灿烂的/前程（"灿烂"重读）

愿你有情人/终成眷属（"终成眷属"读得缓而深沉）

愿你在尘世/获得幸福（"尘世"重读，上行语势）

我只愿/面朝大海，春暖/花开（"面朝大海，春暖花开"一字一顿，"花开"声音延长）

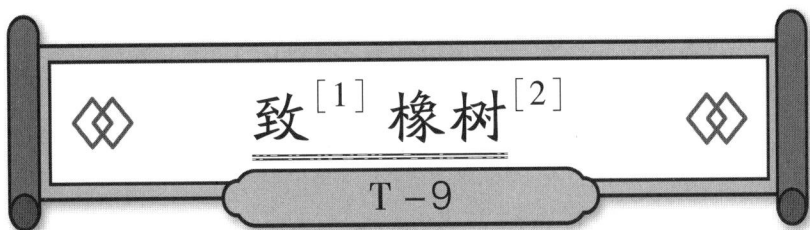

致[1] 橡树[2]

T-9

shūtíng
舒婷

我如果爱你——

绝[3]不像攀援[4]的凌霄花[5]，

借你的高枝炫耀[6]自己；

我如果爱你——

绝不学痴情的鸟儿，

为绿荫重复单调的歌曲；

也不止像泉源[7]，

常年送来清凉[8]的慰藉[9]；

也不止像险峰[10]，

增加你的高度，衬托[11]你的威仪[12]。

甚至日光，

甚至春雨。

不，这些都还不够！

我必须是你近旁的一株(zhū)木棉，

作为树的形象和你站在一起。

根(wò)，紧握在地下；

叶，相触[13](chù)在云里。

每一阵风过，

我们都互相致意[14](zhì)，

但没有人，

听懂我们的言语。

你有你的铜枝铁干，

像刀，像剑(jiàn)，也像戟[15](jǐ)；

我有我红硕[16](shuò)的花朵，

像沉重(chén)的叹息(tàn)，

又像英勇(yīng yǒng)的火炬(jù)。

我们分担(dān)寒潮(cháo)、风雷(léi)、霹雳[17](pī lì)；

我们共享雾霭[18](xiǎng wù ǎi)、流岚[19](lán)、虹霓[20](hóng ní)。

仿佛(fǎng fú)永远分离，

却又终身相依[yī]。

这才是伟大的爱情，

坚贞[21](jiān zhēn)就在这里：

爱——

<ruby>不仅爱你伟<rt>àn</rt>岸</ruby>的身<ruby>躯<rt>qū</rt></ruby>，

也爱你<ruby>坚持<rt>jiān chí</rt></ruby>的位置，

足下的土地。

（绘图：2017 级泰国学生　潘阳杰）

词 语 解 释

［1］致：给予；向对方表示（礼节、情意等）。

［2］橡树：是栎类的总称，自古作为薪材利用。落叶或常绿乔木，高 25 米至 30 米，甚至以上。

［3］绝：全然；绝对。

［4］攀援：指抓住或依附他物而移动、延伸。比喻依靠有钱有势的人往上爬。

［5］凌霄花：落叶藤本植物，攀缘茎，羽状复叶，花鲜红色，花冠漏斗形，也叫紫葳。

［6］炫耀：向别人夸耀自己。

［7］泉源：水的源头。

［8］清凉：凉而使人感觉爽快、凉快。

［9］慰藉：抚慰、安慰。

［10］险峰：指海拔高、危险的山峰，巅^{diān}峰。

［11］衬托：用另一事物来陪衬或对照以突出原事物。

［12］威仪：指威严的态度，以及使人敬畏的严肃容貌和庄重举止。

［13］触：接触；碰；撞。

［14］致意：向人表示问候之意。

［15］戟：古代兵器，在长柄的一端装有青铜或铁制成的枪尖，旁边附有月牙形锋刃。

［16］红硕：又红又大。

［17］霹雳：云和地面之间发生的一种强烈雷电现象。响声很大，能对人畜、植物、建筑物等造成很大的危害。也叫落雷、响雷、震雷。

［18］雾霭：雾气，形容雾气腾腾的样子。

［19］流岚：山间流动的雾气。

［20］虹霓：为雨后或日出、日落之际天空中所现的七色圆弧。常有内外二环，内环称虹，也称正虹、雄虹；外环称霓，也称副虹、雌虹。

［21］坚贞：坚定、有气节。

◆◇ 作 者 简 介 ◇◆

舒婷（原名龚佩瑜^{gōng pèi yú}）

籍贯：福建厦门

生卒年：1952 年至今

身份：中国当代女诗人

获荣誉称号：朦胧诗派的代表人物之一

代表作：诗作《致橡树》《祖国啊，我亲爱的祖国》《这也是一切》

《双桅船》《会唱歌的鸢尾花》等

作 品 赏 析

《致橡树》是舒婷1977年创作的一首现代诗歌。通过整体象征的艺术手法，用"木棉"对"橡树"的内心独白，热情而坦诚地歌唱平等独立、同甘共苦、心心相印的理想的爱情观。

诗歌一开始用了两个假设和六个形象，对传统的爱情观进行否定，认为爱情不是"凌霄花"那样高攀对方、依附对方，来满足自己的虚荣；不是"鸟儿"一厢情愿的单恋；不是"泉源"那样只知忘我地奉献；不是"险峰"那样去做铺垫；也不只是"日光"和"春雨"那样脉脉含情地一味付出。她不满足于这些："不，这些都还不够！我必须是你近旁的一株木棉，作为树的形象和你站在一起。"诗人鲜明地表示爱的基础是平等独立：你是树，我必须是树；你站着，我也必须站着，要平等地立于天地之间。

接下来诗人描绘了理想的爱情应该是心心相印、息息相通："根，紧握在地下；叶，相触在云里。每一阵风过，我们都互相致意，但没有人，听懂我们的言语"；是同甘共苦："分担寒潮、风雷、霹雳"和"共享雾霭、流岚、虹霓"；是貌离神合、不离不弃："仿佛永远分离，却又终身相依。"

诗人认为，爱情里的男人应该像橡树一样具有男子汉的阳刚之美，女人应该像木棉一样具有女性的温柔、坚韧。最后诗人热情洋溢地歌唱爱情，"爱——不仅爱你伟岸的身躯，也爱你坚持的位置，足下的土地"。不只是爱对方的外在，而是把对方的事业追求、理想信念也包括在内，双方在精神上完全相融相通，"这才是伟大的爱情"。

经 典 名 句

我必须是你近旁的一株木棉，作为树的形象和你站在一起。

诵 读 指 引

《致橡树》热情而坦诚地抒发了诗人的爱情观，诵读时注意情感处理与诗意要一致。诗歌前半段是对传统爱情观的否定，在否定表达时注意适当加重强调、语气坚定。在诗歌后半段描述理想爱情时，通过适当上扬的语势表达出内心的憧憬与美好期盼。整首诗诵读建议如下：

致/橡树

我/如果/爱你——（"我"声音延长）

绝不像/攀援的/凌霄花，（"绝不像"重读）

借你的高枝/炫耀自己；（"炫耀"重读）

我/如果/爱你——（"我"声音延长）

绝不学/痴情的鸟儿，（"绝不学"重读）

为绿荫/重复/单调的/歌曲；

也不止/像泉源，

常年/送来/清凉的慰藉；

也不止/像险峰，

增加/你的高度，衬托/你的威仪。

甚至/日光，

甚至/春雨。

不，这些/都还不够！（"不""都还不够"重读，语气坚定）

我/必须是你/近旁的/一株木棉，（"必须"重读，语速加快）

作为/树的形象/和你/站在一起。（"站在一起"重读）

根，紧握/在地下；（"根"重读）

叶，相触/在云里。（"叶"重读）

每一阵风/过，

我们都/互相致意，

但/没有人，

听懂/我们的/言语。

你/有你的/铜枝铁干，

像刀，像剑，也像戟；（"刀""剑""戟"重读）

我/有我/红硕的花朵，

像/沉重的/叹息，（"沉重的"重读）

又像/英勇的/火炬。

我们/分担寒潮、风雷、霹雳；（"寒潮""风雷""霹雳"重读）

我们/共享雾霭、流岚、虹霓。（"雾霭""流岚""虹霓"重读）

仿佛/永远分离，（"永远"重读）

却又/终身相依。（"终身"重读）

这/才是/伟大的/爱情，（"这""伟大的"重读）

坚贞/就在这里：（"就在这里"重读）

爱——（"爱"重读）

不仅/爱你/伟岸的身躯，（"伟岸的身躯"重读）

也爱你/坚持的位置，（"坚持的位置"重读）

足下的/土地。（"土地"声音延长，全句重读）

北京的春节

T–10

老舍 (shě)

照北京的老规矩，春节差不多在腊月的初旬(xún)就开始了。"腊七腊八，冻死寒鸦(áo)"，这是一年里最冷的时候。在腊八这天，家家都熬腊八粥。粥是用各种米，各种豆，与各种干果熬成的。这不是粥，而是小型的农业展览会。

除此之外，这一天还要泡腊八蒜(suàn)。把蒜瓣放进醋(cù)里，封起来，为过年吃饺子用。到年底，蒜泡得色如翡(fěi)翠，醋(cù)也有了些辣(là)味，色味双美，使人忍不住要多吃几个饺子。在北京，过年时，家家吃饺子。

孩子们准备过年，第一件大事就是买杂拌儿。这是用花生、胶枣、榛(zhēn)子、栗(lì)子等干果与蜜饯[1]掺和(chānhuo)[2]成的。孩子们喜欢吃这些零七八碎儿。第二件大事是买爆竹，特别是男孩子们。恐怕第三件事才是买各种玩意儿——风筝、空竹、口琴等。

孩子们欢喜，大人们也忙乱。他们必须预备过年吃的、喝的、穿的、用的，好在新年时显出万象更新的气象。

腊月二十三过小年，差不多就是过春节的"彩排"。天一擦黑，鞭炮(biānpào)响起来，便有了过年的味道。这一天，是要吃糖的，街上早有好多卖麦芽糖与江米糖的，糖形或为长方块或为瓜形，又甜又黏^{nián}[3]，小孩子们最喜欢。

过了二十三，大家更忙。必须大扫除一次，还要把肉、鸡、鱼、青菜、年糕什么的都预备充足——店铺多数正^{pù}月初一到初五关门^{zhēng}，到正月初六才开张。

除夕真热闹。家家赶做年菜，到处是酒肉的香味。男女老少都穿起新衣，门外贴上了红红的对联，屋里贴好了各色的年画。除夕夜家家灯火通宵^{jiàn}，不许间断，鞭炮声日夜不绝。在外边做事的人，除非万不得已，必定赶回家来吃团圆饭。这一夜，除了很小的孩子，没有什么人睡觉，都要守岁。

正月初一的光景与除夕截^{jié}然不同：铺户都上着板子，门前堆着昨夜燃放的爆竹纸皮，全城都在休息。

男人们午前到亲戚家、朋友家拜年。女人们在家中接待客人。城内城外许多寺院举办庙会，小贩们在庙外摆摊卖茶、食品和各种玩具。小孩子们特别爱逛庙会，为的是有机会到城外看看野景，可以骑毛驴，还能买到那些新年特有的玩具。庙会上有赛马的，还有赛骆驼的。这些比赛并不为争谁第一谁第二，而是在观众面前表演马、骆驼与骑者的美好姿态与娴^{xián}熟[4]技能。

多数铺户在正月初六开张，不过并不很忙，铺中的伙计们还可以轮流去逛庙会、逛天桥和听戏。

元宵上市，春节的又一个高潮到了。正月十五，处处张灯结彩，整条大街像是办喜事，红火而美丽。有名的老铺子都要挂出几百盏灯来，各形各色，有的一律是玻璃的，有的清一色是牛角的，有的都是纱灯，有的通通彩绘全部《红楼梦》或《水浒传》故事。这在当年，也是一种广告。灯一悬^{xuán}起，任何人都可以进到铺中参观。晚上灯中点上烛，观者就更多。

小孩子们买各种花炮燃放，即使不跑到街上去淘气，在家中照样能有声有光地玩耍。家中也有灯：走马灯、宫灯、各形各色的纸灯，还有纱灯，里面有小铃，到时候就叮叮地响。这一天大家还必须吃元宵呀！这的确是美好快乐的日子。

一眨眼，到了残灯末庙，春节在正月十九结束了。学生该去上学，大人又去照常做事。腊月和正月，在农村正是大家最闲的时候。过了灯节，天气转暖，大家就又去忙着干活了。北京虽是城市，可是它也跟着农村一齐过年，而且过得分外热闹。

（绘图：2017 级泰国学生　潘阳杰）

◆◆ 词 语 解 释 ◆◆

[1] 蜜饯：传统民间用糖蜜加工水果而成的食品。
[2] 掺和：混杂在一起。
[3] 黏：像胶水、糨 糊等所具有的、能使一个物体附着在另一个物体上的性质。
jiàng hu
[4] 娴熟：熟练。

◆◆ 作 者 简 介 ◆◆

老舍（原名舒庆春）

字、号：字舍予

籍贯：北京

生卒年：1899—1966

身份：中国现代文学的著名作家

获荣誉称号："人民艺术家"

代表作：小说《骆驼祥子》《四世同堂》；剧本《茶馆》

◆◆ 作 品 赏 析 ◆◆

　　《北京的春节》是老舍于1951年创作的散文。在这篇文章中，作者详细地描绘了老北京的春节风俗，从腊月初写到正月末，展示了普通中国人在岁末年首欢度春节的日常生活画面。

　　现存最早的记录岁时节令风俗的《荆楚岁时记》是南北朝梁宗懔（约501—565）所作，里面已经有关于春节（即元日）燃爆竹、饮屠苏酒、挂桃符等风俗的记载。和这篇《北京的春节》比起来，一千多年来风俗有不少变化，但是人们祈求新年万象更新的愿望始终没有变。而且，随着时代的发展，交通越来越便利，物资越来越丰富，生活越来越富足，人们可以利用春节假期，在盼团聚庆团圆的氛围中走亲访友、观灯赏花，尽情放松。

诵 读 指 引

朗读这篇散文时整体上注意感情饱满，语气轻快，节奏明快，要读出人们欢度新春佳节的喜悦之情，表现出春节的隆重、热闹与喜庆。

MPR 出版物链码使用说明

本书中凡文字下方带有链码图标"⚊"的地方，均可通过"泛媒关联"App 的扫码功能或"泛媒阅读"App 的"扫一扫"功能，获得对应的多媒体内容。

您可以通过扫描下方的二维码下载"泛媒关联"App、"泛媒阅读"App。

"泛媒关联" App 链码扫描操作步骤：

1. 打开"泛媒关联"App；
2. 将扫码框对准书中的链码扫描，即可播放多媒体内容。

"泛媒阅读" App 链码扫描操作步骤：

1. 打开"泛媒阅读"App；
2. 打开"扫一扫"功能；
3. 扫描书中的链码，即可播放多媒体内容。

扫码体验：

上山打老虎　　静夜思
⚊⚊⚊⚊⚊⚊　　⚊⚊⚊⚊